표지 설명

청화백자매죽문병 〈보물 제 659 호〉, 15세기 후반 ~ 16세기 초, 높이 32.9cm

한 국 어

중급 II

경희대학교 국제교육원
Institute of International Education

Exploring Korean

- **By** Kim Jung-Sup, Kang Hyoun-Hwa, Lee Jung-Hee, Kim Dong-Eun, Lee Myung-Gwi
  Institute of International Education, Kyung Hee University
- **Telephone** 82-2-961-0081/2 • **Fax** 82-2-959-9018
- **http** : //iie.khu.ac.kr • **E-mail** iie@khu.ac.kr

Published by Kyung Hee University Press
- **Address** 26 Kyunghee-daero Dongdaemun-gu, Seoul 130-701, Republic of Korea
- **Telephone** 82-2-961-0106/7 • **Fax** 82-2-962-8840
- **http** : //www.khup.com • **E-mail** khsd3080@khu.ac.kr, khup@khup.com
- **First published 2002**
- **Reprinted with Corrections 2004, 2006, 2007, 2008, 2009, 2010, 2012, 2014**
- **Printed in Korea at the University Press Kyung Hee**

- **Cover Design & Illustrator** Shin Young-Seong

ISBN 978-89-8222-063-1
ISBN 978-89-8222-046-1 (SET)

₩ 20,000 (CD included)

머 리 말

전세계인들의 기대와 희망 속에 새로운 세기가 열린 지 어느덧 세 해째로 접어들었다. 세계는 지금 어느 때보다도 각 국의 문화적 다양성을 인정하면서, 이를 바탕으로 상호 교류와 협력의 길을 모색하고 있다. 이러한 시기에 재외동포와 외국인을 대상으로 한국어와 한국 문화를 교육하는 일은 진정한 의미의 세계화를 위한 방안이 될 것이다.

경희대학교 국제교육원 한국어 교육부에서는 한국어 초급 Ⅰ, Ⅱ권에 이어 이번에 다시 한국어 중급 Ⅰ, Ⅱ권을 출판하게 되었다. 이번 중급 교재의 발간은 그간 한국어 교육 발전을 위해 쏟아온 노력이 또 하나의 열매를 맺은 것이라 평할 수 있다. 이 교재는 한국어를 외국어로서 배우는 중급 학습자들이 한국어를 좀 더 쉽고 재미있게 공부하고, 한국 생활과 한국 문화에 대해 폭넓게 이해할 수 있도록 하는 데 목표를 두고 있다. 이를 위해 초급 교재에 등장했던 '나오코'와 '빌리'라는 친숙한 인물을 중심으로 하여, 그들이 각각 대학원과 회사라는 변화된 환경에 적응해 가는 모습을 흥미 있게 엮어 나갔다. 또한 학습자들이 실제 생활에서 접할 수 있는 여러 상황을 교재를 통해 경험하고, 다양한 언어 기능을 사용할 수 있도록 통합 교과 형식으로 각 단원을 구성하였다.

이 교재는 문화 교육에 각별한 관심을 기울였다는 점을 장점으로 꼽을 수 있다. 즉, 각 과의 끝머리에 별도로 문화와 속담에 관한 내용을 제시했을 뿐만 아니라 듣기 지문의 대화나 읽기 지문, 문법 예문 등에서도 한국인의 사고와 행동에 배어 있는 문화적 특성이 드러나도록 신경을 썼다. 시각적인 자료를 제시할 때에도 이 점에 대해 세심하게 고려하였다. 학습자들의 흥미를 제고하여 자연스럽게 한국적인 아름다움에 친숙해질 수 있도록 전통적인 색채와 문양을 적극 활용하였다. 그럼으로써 한국의 전통미와 현대미가 조화를 이루도록 하였다. 이 밖에도 학습자들의 자습이 가능하도록 부록에 문법 설명과 모범 답안 등을 수록하였다.

경희대학교 국제교육원에서는 앞으로도 학습자들의 다양한 요구에 걸맞는 프로그램 개발과 한국어 교육의 질적 향상, 교육 환경 개선 등을 위해 노력할 것이다. 교재 개발도 계속해서 조만간 한국어 고급 Ⅰ, Ⅱ권도 발간할 예정이다.

마지막으로 이 교재가 학습자들의 한국어 능력 향상에 실질적인 도움이 되기를 진심으로 바라는 바이다.

2006년 4월 1일

경희대학교 국제교육원

원장 김 중 섭

일러두기

1 본 교재의 집필 방향은 다음과 같다.

- 초급에서 다져진 의사 소통 능력을 기초로 하여 말하기 – 듣기 – 읽기 – 쓰기의 전체적인 언어 능력이 균형을 이룰 수 있도록 하는 것이 목표이다.
- 각 단원은 통합 교과로 구성되어 있으며 말하기를 중심으로 나머지 기능들을 배치한다. 특히 들은 후 활동과 읽은 후 활동을 두어 각 단원의 주제와 기능에 맞는 말하기 활동을 할 수 있도록 한다.
- 들은 후 활동과 읽은 후 활동은 실제 생활과 유사한 각종 과제 활동을 포함한다.
- 중급 과정에서 요구되는 듣기 활동의 강화를 위해 각 과마다 듣고 말하기, 듣기 과제 1, 2를 두어 학생들의 듣기 능력 향상을 도모한다. 듣기의 내용은 실생활 담화와 유사한 대화 및 서술문 듣기로 구성한다.
- 유창성과 정확성을 모두 학습의 주요 목표로 삼고, 정확한 문법 항목의 활용 또한 중시한다.
- 학습자의 인지 능력을 최대한 활용하기 위해 내용과 관련 있는 시각적 자료를 충분히 제시한다.
- 단원마다 한국 문화와 관련된 내용을 제시함으로써 학생들의 한국 문화에 대한 인지도 및 친숙도를 향상시킨다.

2 본 교재는 중급 I, II권으로 구성되어 있으며 각 8과로 구성하였다. 각 과는 15시간 수업 분량이며 각 권은 듣기 테이프를 포함하고 있다.

3 본 교재를 통해 학습할 어휘의 수는 I, II권을 합하여 2,400여 개로 각 과에 150개 정도의 어휘를 배치하였다. 어휘는 빈도수와 난이도를 고려하여 배치하였으며, 실생활과 관련된 어휘의 경우 빈도수가 낮더라도 포함하였다. 문법 항목의 수는 총 150여 개로, 역시 사용 빈도수와 난이도를 고려하여 선정한 것이다. 문법 항목의 배열은 듣기 및 읽기, 쓰기 등 각 기능별로 제시할 수 있는 구어적 표현과 문어적 표현을 배열하여 제시하였다. 각 과별 배열은 각 과의 주제와 기능에 맞는 문법 요소들을 우선적으로 배열함을 원칙으로 하였다.

4 중급 교재 전체의 구성은 다음과 같다.

	I권	II권
머리말	인사의 말	
일러두기	교재 이용 방법	
차 례	1과~8과의 구성표	1과~8과의 구성표
등장 인물	교재의 주요 등장 인물에 대한 간단한 소개	
본 단원	1과 ~ 8과	1과 ~ 8과
부 록	모범 답안 문법 설명 찾아보기(어휘 · 표현/문법)	모범 답안 문법 설명 찾아보기(어휘 · 표현/문법)

5 각 단원마다 듣기, 말하기, 읽기, 쓰기의 순서로 학습이 진행될 수 있도록 구성하였다.

6 효율적인 교재 이용을 위해 단원 구성의 의도와 이용 방법을 소개한다.

오방색 통합 교재의 효율적인 수업 운영을 위해 각 페이지마다 (오방색 아이콘)을 두어 진도를 조절하도록 하였다. 색깔별로 구분하였으며 한 가지 색이 50분 수업 세 시간 분량이다.

도입 도입은 본 단원으로 들어가기 전에 학습자들이 본 단원에서 어떤 주제에 대해 학습하게 될 것인지를 생각하고 말할 수 있도록 그림과 질문으로 구성하였다.

듣기 전 활동 단원에서 학습하게 될 어휘를 중심으로 듣기 전 활동을 배치하였다. 어휘 학습 방법은 관련 어휘 연결하기, 주제어 찾기, 의미에 맞는 어휘 연결하기 등이다. 이 활동을 통해 새로 학습하게 될 어휘의 내용을 이해하고 본격적인 듣기 활동에 들어가는 준비를 할 수 있도록 하였다.

듣고 말하기 단원에서 학습하게 될 주제와 기능, 문법이 함축적으로 포함되어 있는 핵심 대화이다.

짝활동 · 모둠활동 들은 후, 혹은 읽은 후 활동으로 진행되는 학습자 활동으로 실제 생활과 밀접한 주제와 기능에 따라 학습자들끼리 짝이나 모둠을 만들어 활동을 진행한다. 은 활동에 필요한 교사의 지침을 기재하였다.

문법 목표 문법 항목을 제시하고, 이를 연습하고 활용하는 단계이다. 문법을 제시할 때는 명사 , 동사 , 동작동사 , 상태동사 의 기호와 그림을 이용하여 학생들이 문법을 쉽게 이해할 수 있도록 하였다.

듣기 과제 1, 2 실생활과 밀접한 관련이 있는 내용을 듣기로 구성하여 학습자들이 실생활에서 들을 수 있는 대화에 친숙할 수 있도록 유도하였다. 듣기 과제 1은 대화문으로 듣기 과제 2는 주로 서술문으로 구성하였다.

읽고 말하기에서는 단원의 주제와 관련된 글을 읽는다. 읽기 지문의 내용은 주로 일상 생활을 다루고 있으나 과의 주제에 따라 글의 종류는 다양하게 배치하였다.

쓰기 단원의 학습 목표와 관련된 주제를 쓰도록 하였다. 쓰기 활동은 과제로 활용할 수도 있다. 완성된 글을 예로 제시하거나 핵심 어휘를 제시하여 학습자들이 적극적으로 쓰기 과제를 수행할 수 있는 제한형 작문을 중심으로 배치하였다.

새 단어 새 단어에서는 각 단원에서 나온 새로운 어휘와 표현을 제시하였다. 표현에는 관용 표현, 연어 표현 등을 제시하였다.

7 네 과마다 낱말 맞추기 퍼즐을 두어 배운 어휘를 복습할 수 있도록 하였다.

8 부록을 두어 학생이 자습할 수 있도록 하였다. 단원 내용 중 답안 제시가 가능한 경우에는 모범 답안을 제시하여 자습이 용이하게 하였다. 문법 설명의 경우 교사와 학습자 모두가 참고할 수 있도록 설명과 문법적 제약을 주고, 본 단원에서 제시할 수 없었던 여러 가지 기능과 의미들을 제시하였다. 또한 예문을 추가하여 자습이 용이하게 하였다.

9 본 교재의 외래어 표기는 1986년 문교부 고시 「외래어 한글 표기법」에 따랐다.

차 례 《중급I》

차 례 《중급III》

교재 구성

	제1과 이사	제2과 음식과 요리	제3과 돌잔치	제4과 분실
기능	· 조언 구하기 · 대조 설명하기 · 일의 순서 말하기	· 음식 소개하기 · 비교 설명하기 · 요리 방법 설명하기	· 초대하기 · 조언하기 · 한국 민속 이해하기	· 심정 토로하기 · 분실물 신고하기 · 신용카드 사용의 장단점 토의하기
문법	-기에는, -아/어서 그런지, -(이)라도, -지 그래(요)?, -거든, -도록, -아/어 있다, -마저	-던데, -다(가) 보니(까), -아/어야, -는 길, -(으)ㄴ/는 셈이다, -(으)ㄹ 뿐만 아니라, -(이)야말로	그렇지 않아도 -(으)려던 참이다, -았/었으면 하다/좋겠다, -(으)ㄹ 테니(까), -쯤 해서, -(으)면 으레, -(으)ㄴ 채(로), -조차, -(으)ㄴ/는 탓에, - 탓에	-(ㄴ/는)다면서(요)?, -기는(요), -길래, -더니, -다 보면, -곤 하다, -(으)ㄴ/는데도 (불구하고), -아/어 버리다, -든지, -(으)ㄹ 뿐이다.
발음	ㅈ/ㅊ	된소리되기	ㄷ/ㅌ	겹받침
듣기 활동 내용	· 집 구하기 · 전화로 문의하기 · 이사할 때의 유의점	· 김치 만드는 방법 · 김치 축제 참가 · 음식 궁합	· 돌잔치 초대 · 돌잔치 선물 결정하기 · 선물의 의미	· 지하철에서 지갑 분실 · 분실물 신고 · 신용카드 사용의 장단점
읽기 활동 내용	· 숙소의 종류 · 한국의 전통 가옥	· 음식 이름 맞추기 · 한국의 음식	· 돌잔치의 유래와 절차 · 잔치와 부조	· 실수 · 5분
쓰기 활동 내용	· 집세와 물가 상승 · 신문 기사 읽고 요약하기	· 오늘의 요리 · 순차적 글쓰기	· 한국어를 잘 할 수 있는 방법 · 주장하는 글쓰기	· 가방을 찾습니다 · 분실물 찾는 글쓰기
한국 문화	풍수지리	속담 속의 떡	관혼상제	생활 속의 관용 표현

	제5과 건강	제6과 환경	제7과 한글	제8과 옛날이야기
기능	· 권유하기 · 도움 요청하기 · 정보 교환하기	· 뉴스 듣고 전달하기 · 원인과 해결 방법에 대해 토의하기 · 찬성/반대 토론하기	· 한글의 특징 이해하기 · 경험 이야기하기 · 몸짓 언어 소개하기	· 각 나라의 이야기 비교하여 설명하기 · 추측하여 이야기 완성하기 · 연극 공연하기
문법	-지, -고 해서, (-(으)면) -(으)ㄹ수록, -는 셈 치다, -(으)려다가, 하도 -아/어서, -에 의하면, -(으)ㄹ지라도, -(으)면 -(으)ㄴ/는 법이다	-다(냐, 라, 자)는 말이다, -(으)나 마나, -(으)ㄹ까 봐(서), -다가는, -(으)ㄹ 수밖에 없다, 따위, -는 통에, 이중부정, -(이)나마	-(으)ㄹ 겸 (해서), -(으)ㄴ/는 모양이다, -았/었더라면, -(으)ㄴ/는커녕, -기에 달리다, -기 마련이다, -답다, -고 말다, -다고 해도, -듯(이)	-이/가 다 뭐예요?, 치고/치고는, -고말고(요), -(으)ㄹ 뻔하다, -(으)ㄴ들, -(이)나 -(이)나 할 것 없이, -(으)ㄹ 지경이다
발음	ㅂ/ㅍ/ㅃ	ㅐ/ㅔ	격음화	연음법칙
듣기 활동 내용	· 불면증 예방법 충고하기 · 건강 유지법 · 친구에게 도움 요청	· 유조선 침몰 뉴스 · 쓰레기 종량제 · 대중 교통 이용의 장점	· 여행에서 어려웠던 점 · 한국어 사용 시 어려운 점 · 언어의 사회적 특성	· 각 나라의 옛날이야기 비교 · 햇님과 달님 동화 · 신화의 특징
읽기 활동 내용	· 건강을 지키는 목욕 · 올바른 스트레스 해소법	· 작은 불편이 환경을 살린다 · 환경과 에너지	· 꿀벌의 의사 소통 · 문자의 기원	· 효녀 심청 · 단군 신화
쓰기 활동 내용	· 올바른 삶이란 · 내용 읽고 요약하기	· 환경 문제의 원인과 결과 · 개요 보고 쓰기	· 한국인의 이름 · 설명하는 글쓰기	· 옛날이야기 · 연극 대본 쓰기
한국 문화	한국의 전통 무예	동물과 관련된 속담	세종대왕	효와 속담

등장 인물

타나카 나오코

일본 토쿄에서 온 여학생
경희대학교에서 한국어를 배우고, 대학원에 진학하여 국제 관계를 전공하고 있다.

빌리 화이트

미국 뉴욕에서 온 청년
나오코와 함께 한국어를 배웠고, 지금은 광고 회사에 취직하여 해외 홍보를 담당하고 있다.

신한수

나오코의 대학원 선배
후배들에게 관심이 많은 자상한 성격으로, 부인과 딸이 있다.

이민정

나오코의 대학원 친구
모형 만들기와 여행을 좋아하며, 나오코의 대학원 생활을 많이 도와주고 있다.

김영철

빌리의 직장 동료
일을 아주 잘 하지만 건망증이 있어서 물건을 잘 잃어버린다.

제1과 이사

도입

다음 그림을 보고 이야기해 봅시다.

1

2

3

4

1. 여러분은 지금 어디에 살고 있습니까?

2. 만약 이사를 하게 된다면 어디로 가고 싶습니까?

3. 집을 구할 때 중요한 것은 무엇입니까?

듣고 말하기

다음 질문에 답하십시오.

1. 다음과 관계있는 것을 고르십시오.

방을 구하다　　계약서　　계약금　　이사

- [ ] 생활 정보지
- [ ] A/S 센터
- [ ] 부동산
- [ ] 은행

2. 바르게 연결하십시오.

월세방	일정 금액을 주인에게 맡기고 빌려 쓰는 집
전셋집	다달이 돈을 내면서 빌려 사는 방
하숙집	학교나 회사 안에 있어서 학생이나 직원이 함께 사는 집
기숙사	일정한 돈을 내고 밥과 잠자리를 제공 받는 집

다음 대화를 잘 듣고 질문에 답하십시오.

1. 다음 빈칸을 채우십시오.

(1) 그래서 빨리 이사를 하고 싶은데 ________ 집이 없더라고요.

(2) 예, 어제 몇 군데 들러 봤는데 ________ 없더군요.

(3) 그럼, 인터넷이나 생활 정보지 광고를 ________

2. 빌리는 왜 이사를 하려고 합니까?

3. 요즘 이사할 집이 없는 이유는 무엇입니까?

- [ ] 부동산이 몇 군데 없어서
- [ ] 인터넷 자료가 없어서
- [ ] 회사 근처여서
- [ ] 이사철이어서

4. 영철 씨가 빌리에게 권한 방법은 무엇입니까?

듣기 과제 1

잘 듣고 질문에 답하십시오.

1. 다음 빈칸을 채우십시오.

(1) 생활 정보지 광고를 보고 전화 드렸는데요. ________

(2) 크지는 않지만 혼자 쓰기에는 ________ 거예요.

(3) 내일 오시려거든 출발하시기 전에 ________ 오세요.

2. 빌리는 무엇을 보고 집주인에게 전화했습니까?

- ☐ 텔레비전
- ☐ 생활 정보지
- ☐ 벽보
- ☐ 인터넷

3. 들은 내용과 <u>다른</u> 것을 고르십시오.

- ☐ 부엌이 따로 있다.
- ☐ 구하려는 집은 강남역 근처에 있다.
- ☐ 화장실은 공동으로 사용해야 한다.
- ☐ 빌리는 내일 그 집에 갈 것이다.

모둠 활동 여러분이 지금 살고 있는 집과 앞으로 살고 싶은 집을 대조해서 말해 봅시다.

이름	지금 살고 있는 집	앞으로 살고 싶은 집
빌리	- 학교 근처 하숙집 - 방을 한국 친구와 같이 쓴다. - 온돌방이고 책상과 옷장이 있다.	- 회사에서 가까운 아파트 - 화장실과 부엌이 따로 있다. - 가까운 곳에 공원이 있었으면 좋겠다.

출퇴근하다 이사철 부동산 군데 들르다 전셋집 월세 생활 정보지
방이 나가다 따로 전화를 주다

문 법

1 동작동사 기에는

걸어서 다니기에는 너무 멀어요.
오늘 중으로 끝내기에는 일이 너무 많아요.
해외 유학을 가기에는 나이가 너무 어립니다.

〈보기〉와 같이 두 문장을 연결하십시오.

〈보기〉 두 개를 다 사다 / 돈이 부족하다
▶ 두 개를 다 사기에는 돈이 부족합니다.

1. 혼자 살다 / 집이 좀 크다
   ▶
2. 전화를 하다 / 시간이 너무 늦다
   ▶
3. 외국인이 읽다 / 너무 어렵다
   ▶

2 동사 아/어서 그런지

이 만년필은 너무 비싸서 그런지 찾는 사람이 별로 없어요.
규칙적으로 운동을 해서 그런지 일 년 동안 감기에 걸리지 않았습니다.
퇴근 시간이라서 그런지 지하철이 아주 복잡했습니다.

〈보기〉와 같이 두 문장을 연결하십시오.

〈보기〉 오래된 건물이다 / 약간 지저분하다
▶ 오래된 건물이어서 그런지 약간 지저분해요.

1. 똑똑하다 / 한 번 들으면 금방 이해하다
   ▶
2. 날씨가 덥지 않다 / 반바지가 잘 안 팔리다
   ▶

3. 어제 무리를 하다 / 자꾸 졸리다

➡

3 명사 (이)라도

집이 너무 멀어서 중고차라도 한 대 사야겠어요.
출출한데 라면이라도 끓여 먹을까요?
한국 속담에 콩 한 쪽이라도 나눠 먹으라는 말이 있다.

다음 대화를 완성하십시오.

1. 가 : 휴일에는 하루 종일 잠만 자요.
   나 : 그러지 말고
2. 가 : 치마 정장은 없는데 어떻게 하지요?
   나 : 그럼,
3. 가 : 빌려 드리고 싶지만 저도 볼펜이 없는데요.
   나 :

4 동작동사 지 그래(요)?

피곤할 텐데 오늘은 집에 일찍 들어가지 그래요?
그 사람에게 다시 한 번 부탁해 보지 그래요?
다른 데 가지 말고 그냥 여기 있지 그래요?

다음 대화를 완성하십시오.

1. 가 : 방이 좀 더운데요.
   나 :
2. 가 : 이 단어의 뜻을 모르겠어요.
   나 :
3. 가 : 요즘 스트레스가 많이 쌓여요.
   나 :

5 동사 거든

전화했는데 내가 없거든 메모를 남겨 줘.
컴퓨터에서 계속 이상한 소리가 나거든 다시 가지고 오세요.
사장님을 만나시려거든 비서실로 먼저 연락을 하셔야 합니다.

다음 대화를 완성하십시오.

1. 가 : 내일 바빠서 네 생일 잔치에 못 갈 것 같아.
   나 :
2. 가 : 가방을 사고 싶은데, 어디로 가는 게 좋을까요?
   나 :
3. 가 : 여기서 담배를 피워도 됩니까?
   나 :

6 동작동사 도록

가족들이 걱정하지 않도록 집에 자주 전화하세요.
다른 사람에게 좋은 인상을 줄 수 있도록 옷을 단정하게 입으세요.
※ 어제 밤늦도록 친구와 통화를 했습니다.

다음 대화를 완성하십시오.

1. 가 : 내일 새벽에 일찍 출발하신다고 들었어요.
   나 : 네,
2. 가 : 외국에 보낼 소포인데 어떻게 포장하면 될까요?
   나 :
3. 가 : 이번에 다시 시험을 본다면서요?
   나 : 네,

7 동작동사 아/어 있다

지금 운동장에 선수들이 모여 있습니다.
아버지께서는 밤늦게까지 소파에 앉아 계셨습니다.
아직 해야 할 일이 좀 남아 있어요.

다음 대화를 완성하십시오.

1. 가 : 지난 주말에 뭐 하셨어요?
   나 : 허리가 아파서 하루 종일 ______________________
2. 가 : 지금 컴퓨터실이 열려 있을까요?
   나 : 아니요, ______________________
3. 가 : 혹시 여기서 제 수첩 못 보셨어요?
   나 : 아까 책상 위에 ______________________

8 명사 마저

나중에는 가족들마저 그 소년의 말을 믿지 않았다.
꼭 오겠다고 했던 사람들마저 오지 않았어요.
눈에서 멀어지면 마음마저 멀어진다.

듣기 과제 2

다음 질문에 답하십시오.

1. (　) 안에 들어갈 어휘로 알맞은 것을 연결하십시오.

드디어	(　) 긴 겨울이 끝나고 봄이 왔어요.
마침	(　) 집들이 때는 세제를 선물합니다.
혹시	(　) 선생님 댁이 어딘지 아세요?
보통	(　) 친구가 찾아와서 같이 저녁을 먹었어요.

잘 듣고 질문에 답하십시오.

1. 다음 빈칸을 채우십시오.

(1) 드디어 ________ 집을 찾았어요.

(2) 좀 ________ 새로 지어서 깨끗해요.

(3) 시간이 없어도 다시 한 번 그 집에 가서 ________ 꼼꼼히 살펴보세요.

2. 빌리는 언제 계약을 하려고 합니까?

☐ 내일 ☐ 이번 주말 ☐ 다음 주말 ☐ 오늘

3. 부동산에서 계약서를 써야 하는 이유는 무엇입니까?

(1) ________

(2) ________

4. 보통 계약금은 전체 금액의 얼마를 내야 합니까?

☐ 5% ☐ 10% ☐ 15% ☐ 20%

짝활동 집을 구하는 방법에 대해 조사해 봅시다.

종 류	방 법
하숙집	① 벽보나 광고를 보고 전화를 한다. ② 위치와 하숙비를 확인하고 직접 가 본다. ③ 주인 아주머니에게 궁금한 것을 물어본다. ④ 한 달 하숙비를 미리 내고 이사를 한다.
월세방	
전셋집	

드디어 계약 계약서 대신 계약금 돌다리도 두드려 보고 건너라

읽고 말하기

다음 글을 읽고 질문에 답하십시오.

숙소의 종류

집에서 통학이 어려운 학생들이나 외국에서 유학 온 학생들에게는 살 집을 구하는 것이 제일 중요한 문제입니다. 운이 좋으면 기숙사에 들어갈 수 있지만, 그렇지 않을 때는 학교 근처에 따로 방을 얻어야 합니다.

기숙사는 학교 안에 위치하고 있기 때문에 학교 내의 여러 시설을 편리하게 이용할 수 있어 좋습니다. 그리고 하숙이나 자취에 비해 생활비도 적게 듭니다. 하지만 방을 여럿이 함께 써야 한다는 것과 음식을 직접 만들어 먹을 수 없다는 것이 불편한 점입니다.

학교 근처에는 하숙집과 자취집, 오피스텔 등이 많이 있습니다. 하숙집은 아침과 저녁을 제공하기 때문에 편하지만, 다소 비싼 것이 흠입니다. 자취는 음식을 만들어 먹을 수도 있고 생활도 자유롭지만, 계획적으로 살기가 쉽지 않습니다. 최근에는 깨끗하고 시설도 좋은 오피스텔을 선호하는 사람들이 늘고 있습니다. 짧은 기간만 한국에서 지낼 생각이라면 한국 가정에서 민박을 하는 것도 좋습니다. 한국 가정의 참모습을 볼 수 있고, 한국어도 연습할 수 있다는 장점이 있기 때문입니다.

1. 어떤 경우에 학생들이 방을 구해야 합니까?

2. 기숙사의 장점을 고르십시오.

- ☐ 아침과 저녁을 제공해 주는 점
- ☐ 여럿이 방을 써야 하는 점
- ☐ 학교 시설을 편리하게 이용할 수 있는 점
- ☐ 한국 가정의 참모습을 볼 수 있는 점

3. 하숙집의 단점은 무엇입니까?

짝활동 친구에게 다음 내용을 질문해 봅시다.

친구 이름	집의 종류	장점	단점

다음 글을 읽고 질문에 답하십시오.

한국의 전통 가옥

한국의 전통 가옥은 집의 구조에서부터 재료에 이르기까지 자연을 느낄 수 있도록 되어 있다. 집의 기초는 돌로 하고, 기둥, 문, 대청은 나무로 하며, 벽은 흙으로 만들었기 때문이다. 문과 창에도 나무로 만든 한지를 발랐다.

집은 개인의 휴식을 위한 공간이면서 여러 세대가 함께 살아가는 생활 공간이었고, 혼례와 잔치, 장례 등을 치르는 사회 공간이기도 했다. 방은 개인을 위한 공간으로, 대청은 가족을 위한 공간으로, 마당은 큰일을 치르는 공간으로 쓰였다. 그러므로 한국의 전통 가옥은 개방적인 구조를 가졌다고 할 수 있다.

조선 시대 상류층의 주택은 일반적으로 안채와 사랑채로 구분되었다. 안채는 여성들이 사용하는 공간으로 주택의 안쪽에 위치하였다. 사랑채는 남성들의 공간으로 글공부를 하거나 친구들과 함께 이야기를 나누던 공간이었다.

한국 전통 가옥의 지붕으로는 기와지붕과 초가지붕 두 가지가 보편적이다. 부유한 집에서는 기와로 지붕을 올렸고, 서민들이 사는 일반 농가에서는 대부분 볏짚으로 지붕을 올렸다. 볏짚은 겨울에는 열을 뺏기지 않아 따뜻하고, 여름에는 강렬한 태양열을 차단하여 시원하게 해 준다. 또한 구하기도 쉽고 비도 잘 새지 않아 지붕의 재료로 가장 널리 쓰였다.

1. 한국의 전통 가옥에서 자연을 느낄 수 있는 이유를 고르십시오.

- ☐ 집을 돌, 나무, 흙 등의 재료로 만들었기 때문에
- ☐ 개방적인 구조를 가지고 있기 때문에
- ☐ 안채와 사랑채로 나누어져 있기 때문에
- ☐ 부잣집에서는 기와로 지붕을 올렸기 때문에

2. 다음 공간의 기능을 찾아 쓰십시오.

- 방:
- 대청:
- 마당:

3. 초가지붕의 장점을 모두 쓰십시오.

모둠 활동 한국의 전통 가옥과 여러분 나라의 전통 가옥을 비교해 봅시다.

나라 이름	이름	재료	구조	특징
한국	기와집 / 초가집	돌, 흙, 나무	개방적 구조	자연을 느낄 수 있다.

숙소 통학 위치하다 자취 여럿 오피스텔 제공하다 다소 흠 자유롭다
선호하다 참모습 가옥 구조 재료 이르다 기초 대청 한지 바르다
휴식 공간 세대 혼례 장례 치르다 마당 개방적 조선 시대 상류층
주택 안채 사랑채 구분되다 기와 초가 보편적 부유하다 서민 농가
볏짚 뺏기다 강렬하다 태양열 차단하다 새다 널리

쓰 기

다음 신문 기사를 읽고 내용을 200자 내외로 요약하십시오.

집세가 물가 상승에 영향 미친다

전 · 월세 값 등 집세가 물가 상승의 주 요인으로 등장하고 있다. 한국은행은 지난달 집세가 지난해 8월에 비해 4.7% 상승했다고 발표했다. 또한 집세의 인상이 소비자 물가 상승률에 미치는 영향이 10.9%였다고 밝혔다. 집세가 소비자 물가 상승률에 10% 이상의 영향을 미친 것은 1995년 이후 처음이다.

집세 외에 다른 부분을 살펴보면, 농축산물이 27.4%, 공공요금이 24%, 공산품이 22.3%의 영향을 미쳤다. 다른 부분보다 전세 값이 물가에 미치는 영향이 큰 것은 기본적으로 집 자체의 가격이 다른 품목의 가격보다 높기 때문이다. 한국은행의 관계자는 "전세금이 오르내리는 것을 물가지수 계산에 그대로 반영하기 때문에 집세가 실제보다 크게 영향을 미칠 수 있다"면서 "전세는 사실상 우리나라에만 있는 제도이고, 다른 나라 물가 통계에는 없다"고 덧붙였다.

최근 공공요금과 공산품 가격이 물가 상승에 미치는 영향력은 정부의 공공요금 인상 억제와 경기 침체 등으로 낮아지는 추세이다. 이에 비해 집세 상승이 물가 상승에 미치는 영향은 계속 커지고 있다.

집세 상승 요인 인상 농축산물 공공요금 공산품 품목 관계자 오르내리다
물가지수 계산 사실상 제도 통계 덧붙이다 정부 억제 경기 침체 추세

풍수지리

풍수지리는 땅의 모양이나 방위를 인간 생활에 이용하면서 발전한 학문이다. 예부터 좋은 땅에 집을 지으면 가족이 모두 건강하고 재산과 명예를 얻을 수 있다고 했는데, 이러한 생각은 풍수지리의 영향이다.

좋은 집터란 배산임수(背山臨水)가 기본인데, 집 뒤에는 산이 있고 앞에는 물이 있어야 한다는 뜻이다. 도시처럼 집들이 많이 모여 있는 지역에서는 집이나 건물을 산으로 보고 도로와 길을 물로 본다. 사람이 사는 공간에는 항상 부드럽고 순한 기(氣)가 통해야 하는데 이렇게 기가 잘 통하는 좋은 자리를 '명당'이라고 한다.

한편 집은 위치도 중요하지만 대문, 현관문, 주방, 안방, 거실, 화장실, 창고 등 집안 구조도 중요하다. 특히 집의 정문과 창문이 남쪽을 향해 나 있는 것을 최고로 친다. 이것은 남쪽으로 창문이 나 있으면 난방과 채광에 좋기 때문이다.

특히 조상의 묘를 정할 때는 풍수지리를 중요하게 생각했다. 산줄기가 양쪽으로 힘차게 뻗어 있는 좌청룡 우백호(左青龍 右白虎)의 형상을 한 명당에 묘를 쓰면 자손이 대대로 번창한다고 믿었다. 이렇게 집터나 무덤 자리를 정할 때 풍수를 본 이유는 주위 환경이 그만큼 삶에 직접적인 영향을 준다고 생각했기 때문이다.

듣기 지문

듣고 말하기 p. 14

영 철 : 빌리 씨, 회사까지 얼마나 걸려요?

빌 리 : 지하철로 한 시간 반쯤 걸려요.

영 철 : 그래요? 출퇴근하**기에는** 좀 먼 것 같네요.

빌 리 : 그래서 빨리 이사를 하고 싶은데 이사철**이어서 그런지** 집이 없더라고요.

영 철 : 이 근처 부동산에 가 봤어요?

빌 리 : 예, 어제 몇 군데 들러 봤는데 적당한 집이 없더군요.

영 철 : 전셋집을 구하고 있어요?

빌 리 : 네, 원래는 전셋집을 구하고 싶었는데 나온 집도 별로 없는 데다가 그것**마저** 값이 너무 비싸더라고요. 그래서 월세**라도** 구하려고요.

영 철 : 그럼, 인터넷이나 생활 정보지 광고를 찾아보**지 그래요**? 운이 좋으면 좋은 집을 싸게 구할 수도 있어요.

듣기 과제 1 p. 15

빌 리 : 안녕하세요? 생활 정보지 광고를 보고 전화 드렸는데요. 방 나갔나요?

집주인 : 아니요, 아직 안 나갔어요.

빌 리 : 부엌하고 화장실은 따로 있나요?

집주인 : 그럼요. 크지는 않지만 혼자 쓰기에는 불편하지 않을 거예요.

빌 리 : 방을 한번 보고 싶은데요.

집주인 : 지금 오시려고요? 지금은 좀 곤란한데…….

빌 리 : 내일쯤 가려고 하는데요.

집주인 : 내일 오시려**거든** 출발하시기 전에 미리 전화 주고 오세요.

빌 리 : 그런데 어떻게 가면 되나요?

집주인 : 지하철 2호선 강남역에 내려서 다시 전화하세요.

듣기 과제 2 p. 19

빌 리 : 드디어 마음에 드는 집을 찾았어요.

영 철 : 잘 됐네요. 어제 본 그 집이에요?

빌 리 : 아니요, 그 집으로 하려다가 마침 회사 근처에 괜찮은 아파트가 있어서 거기로 이사하려고요. 좀 좁기는 하지만 새로 지어서 깨끗해요.

영 철 : 그럼 계약은 했어요?

빌 리 : 이번 주말에 하기로 했어요. 그런데 한 번도 계약을 해 본 적이 없어서 걱정이에요.

영 철 : 계약을 할 때 꼭 부동산에 가서 하세요. 아저씨가 계약서를 대신 써 줄 거예요. 그리고 나중에 혹시 문제가 생겼을 때도 도움을 받을 수 있어요.

빌 리 : 계약금은 얼마 정도 내야 돼요?

영 철 : 보통 10% 정도예요.

빌 리 : 그래요? 돈을 준비해야겠네요.

영 철 : 시간이 없어도 다시 한 번 그 집에 가서 문제가 없는지 꼼꼼히 살펴보세요. 돌다리도 두드려 보고 건너라는 말도 있잖아요.

제 2 과 음식과 요리

도 입

다음 그림을 보고 이야기해 봅시다.

1

2

3

4

1. 여러분은 어떤 음식을 좋아합니까?

2. 여러분 나라를 대표하는 음식은 무엇입니까?

3. 나라별 음식의 특징을 이야기해 봅시다.

듣고 말하기

다음 질문에 답하십시오.

1. 다음과 관계있는 것을 고르십시오.

배추	고추	무	오이	시금치	상추

☐ 채소 ☐ 과일 ☐ 해산물 ☐ 공산품

2. 알맞은 것끼리 연결하십시오.

김치를 •	• 뽑히다
1등으로 •	• 절이다
속이 •	• 나다
윤기가 •	• 담그다
배추를 •	• 단단하다

다음 대화를 잘 듣고 질문에 답하십시오.

1. 다음 빈칸을 채우십시오.

(1) 한국에 처음 왔을 때는 잘 못 먹었지만, 매일 ______ 요즘은 김치가 없으면 밥을 못 먹을 정도예요.

(2) 한국 사람은 김치를 먹어야 제대로 ______ 생각해요.

(3) 그럼요, 혼자서 해 본 적은 ______ 해마다 집에서 김장할 때 엄마를 도와 드려서 담글 줄 알아요.

2. 어떤 배추가 김치 재료로 좋습니까?

3. 배추는 몇 시간 정도 절이는 것이 좋습니까?

- [ ] 1시간 ~ 3시간
- [ ] 3시간 ~ 5시간
- [ ] 6시간 ~ 8시간
- [ ] 8시간 ~ 10시간

4. 김치를 담그는 순서를 알아 봅시다.

① 재료 다듬기

② 배추 절이기

③ 양념 만들기

④ 김치 속 넣기

모둠 활동 각 나라를 대표할 만한 음식들을 서로 비교해 봅시다.

내용 \ 나라 이름	한국			
이름	김치			
재료	배추			
맛	맵다			
색깔	붉다			

듣기 과제 1

잘 듣고 질문에 답하십시오.

1. 다음 빈칸을 채우십시오.

(1) 김치 축제에 참가하러 ____________

(2) 제대로 따지면 한 번도 ____________

(3) 이번에 운이 좋아서 1등으로 뽑히면 선배님께 ____________

2. 나오코가 참가하려는 김치 축제는 어떤 행사입니까?

3. 상을 주는 기준이 <u>아닌</u> 것을 고르십시오.

- ☐ 김치의 모양
- ☐ 김치의 양
- ☐ 김치의 맛
- ☐ 김치의 색깔

4. 들은 내용과 <u>다른</u> 것을 모두 고르십시오.

- ☐ 이 행사는 외국인만 참가할 수 있다.
- ☐ 나오코는 김치를 담가 본 경험이 많다.
- ☐ 나오코는 선배와 같이 행사에 참가한다.
- ☐ 세 명 이상이 한 팀을 만들어야 한다.

담그다 김장 재료 배추 속 단단하다 윤기 절이다 축제 참가하다
먹음직스럽다 뽑다 상 팀 따지다 뽑히다 한턱 내다

문 법

1 동사 던데

책상 위에 못 보던 책이 있던데, 혹시 민정 씨 거예요?
아까 보니까 숙제를 하고 있던데, 지금쯤은 아마 다 했을 겁니다.
어떤 사람이 한 시간 전부터 기다리고 있던데요.

〈보기〉와 같이 바꾸어 쓰십시오.

〈보기〉 아이가 아픈 것 같다 / 병원에 가 보다
➡ 아이가 아픈 것 같던데, 병원에 가 보셨어요?

1. 국화꽃이 예쁘다 / 한 다발 사다
➡

2. 다음 주에 졸업식이 있다 / 어디에서 하는지 알다
➡

3. 아침부터 길이 막히다 / 무슨 일이 있다
➡

2 동사 다(가) 보니(까)

열심히 이야기를 듣다가 보니까 시간 가는 줄 몰랐어요.
첫인상은 별로였는데 계속 만나다 보니 정이 들었어요.
한국에 살다 보니 한국 문화에 익숙해졌어요.

다음 대화를 완성하십시오.

1. 가 : 한국 음식을 정말 좋아하시는 것 같아요.
나 :

2. 가 : 어떻게 그 많은 나라의 문화를 다 잘 아세요?
나 :

3. 가 : 한복을 입고 지내기가 불편하지 않으세요?
나 :

3 동사 아/어야

호랑이 굴에 가야 호랑이를 잡을 수 있어요.
디자인이 예뻐야 제품이 잘 팔립니다.
결혼을 해서 아이를 낳아 봐야 부모님의 마음을 이해할 수 있어요.

다음 대화를 완성하십시오.

1. 가 : 고급반으로 가기가 힘든가 봐요.
   나 :
2. 가 : 학생 할인을 받으려면 어떻게 해야 해요?
   나 :
3. 가 : 빌리 씨는 한국 속담을 많이 아는 것 같아요.
   나 :

4 동작동사 는 길

집에 돌아가는 길에 아내를 만나서 같이 시장을 봤어요.
해외 출장을 다녀오는 길에 공항 면세점에서 선물을 샀다.
입원한 친구에게 문병을 가는 길이에요.

다음 대화를 완성하십시오.

1. 가 : 어제 왜 학교에 늦었어요?
   나 :
2. 가 : 지금 어디예요?
   나 :
3. 가 : 잠깐 나갔다 오겠습니다.
   나 :

5 동사 (으)ㄴ/는 셈이다

자장면 값은 다른 음식에 비해서 거의 오르지 않은 셈이에요.
일 년 중 거의 반은 외국에서 생활하는 셈이에요.
벌써 다섯 시니까 오늘 하루도 다 끝난 셈이네요.

다음 대화를 완성하십시오.

1. 가 : 어제 밤에 일찍 잤어요?
   나 :
2. 가 : 해외 여행은 많이 해 보셨나요?
   나 :
3. 가 : 서울의 물가는 어떻습니까?
   나 :

6 동사 (으)ㄹ 뿐만 아니라

이 사전은 어휘가 많을 뿐만 아니라 설명도 자세하게 되어 있어요.
이 제품은 성능이 좋을 뿐만 아니라 아주 가벼워서 휴대하기도 좋아요.
우리 아이는 고기를 잘 먹을 뿐만 아니라 과일도 잘 먹어요.

7 명사 (이)야말로

경복궁이야말로 한국의 전통 건축을 대표하는 건물이에요.
저야말로 이번 공연에서 주연을 맡고 싶었어요.
남을 위해 봉사하는 것이야말로 가치 있는 일이라고 생각해요.

듣기 과제 2

다음 질문에 답하십시오.

1. 알맞은 것끼리 연결하십시오.

빈혈을	섭취하다
궁합이	맞다
영양을	줄이다
냄새를	예방하다
흡수를	돕다

잘 듣고 질문에 답하십시오.

1. 다음 빈칸을 채우십시오.

(1) 음식에도 궁합이 있는데, 두 음식이 서로 어울리는 정도를 ________ 합니다.

(2) 궁합이 잘 ________ 소고기와 배가 있습니다.

(3) 비타민 C가 풍부한 딸기를 우유에 섞어 먹으면 영양분의 흡수가 높아지기 때문에 ________

2. 궁합이 잘 맞는 재료로 음식을 만든 사람은 누구입니까?

- ☐ 한 수: 배와 돼지고기를 함께 볶아서 요리했다.
- ☐ 빌 리: 표고버섯을 레몬과 함께 요리했다.
- ☐ 나오코: 돼지고기를 굴과 함께 요리했다.
- ☐ 민 정: 딸기와 우유를 섞어서 주스를 만들었다.

3. 궁합이 맞지 않는 음식을 연결하십시오.

맥 주 ○	○ 설 탕
커 피 ○	○ 크 림
토마토 ○	○ 땅 콩

짝활동 다음 영양소를 섭취할 수 있는 식품이나 음식을 써 봅시다.

탄수화물	밥, 빵, 감자, 고구마, 국수
단백질	
지방	
비타민	
무기질	

궁합 담기다 영양 섭취하다 흡수 표고버섯 콜레스테롤 작용 굴 철분
빈혈 예방하다 비타민 C 풍부하다 땅콩

읽고 말하기

다음 글을 읽고 음식의 이름을 쓰십시오.

1.

한국 사람은 누구나 설날에 이 음식을 먹습니다. 떡으로 만든 국의 종류인데 북쪽 지방에서는 이것 대신에 만두를 빚어 국을 끓여 먹기도 합니다. 설날 아침에 나이를 한 살 더 먹었다는 뜻으로 "○○ 한 그릇 더 먹었다"고 말하기도 합니다. 추석에 먹는 송편과 함께 한국 명절을 대표하는 음식입니다.

2.

가장 더운 여름에 많이 먹는 음식입니다. 뜨거운 음식을 먹고 더위를 이기는 것을 이열치열(以熱治熱)이라고 합니다. 이 음식은 어린 닭의 배를 갈라 그 속에 찹쌀, 인삼, 대추, 마늘을 넣어 끓여 먹습니다. 오랫동안 끓여서 국물이 하얗게 되면 소금과 후추로 간을 해서 먹습니다.

3.

이탈리아를 대표하는 음식 중의 하나입니다. 둥글게 만든 밀가루 반죽 위에 치즈, 야채 등 여러 가지 재료를 함께 넣고 구워 먹는 파이의 한 종류입니다. 이 음식은 미국 회사들이 대중의 입맛에 맞춰 상품화에 성공하면서 인기 있는 음식이 되었습니다. 한국 사람들이 좋아하는 파전과 비슷한 음식입니다.

4.

살아 있는 생선을 그대로 먹는 것입니다. 이 음식은 특별한 양념을 넣지 않고 그냥 먹습니다. 그런데 보통 한국 사람들은 이 음식을 초고추장에 찍어 먹는 걸 좋아합니다. 또 마늘이나 고추 같은 재료를 함께 넣어 상추나 깻잎에 싸 먹기도 합니다. 이 음식은 피부 미용에 아주 좋습니다.

빚다 송편 이열치열(以熱治熱) 가르다 찹쌀 대추 간을 하다 둥글다 반죽
굽다 입맛 상품화 파전 양념 초고추장 찍어 먹다 상추 깻잎 싸 먹다
피부 미용

다음 글을 읽고 질문에 답하십시오.

한국의 음식

여러분은 오늘 아침에 무슨 음식을 드셨습니까? 한국 음식을 드셨다고요? 그렇다면 한국 음식에서 빼놓을 수 없는 것이 무엇일까요?

밥! 그렇습니다. 한국인의 주식은 바로 밥입니다. 한국에서는 이미 3,500년 전부터 벼를 기르기 시작했다고 합니다. 처음에는 쌀을 떡처럼 쪄서 먹다가 점차 물을 붓고 끓여서 밥을 지어 먹게 되었습니다.

그리고 또 한국 음식에서 중요한 것이 뭐가 있을까요? 김치! 여러분 중에 혹시 김치를 싫어하는 사람이 있습니까? 김치야말로 한국 음식 중 가장 기본이 되는 반찬입니다. 김치에는 비타민, 아미노산 등 우리 몸에 필요한 영양소가 많이 들어 있으며 암을 예방하는 물질도 있습니다.

또 무엇이 있습니까? 국과 찌개가 있지요. 국과 찌개의 차이점은 무엇일까요? 국은 국물이 많은 것이고, 찌개는 건더기가 많고 맛이 짠 것입니다. 국과 찌개에서 가장 중요한 것이 '간' 입니다. 음식의 간을 결정하는 양념에는 소금, 간장, 된장, 고추장이 있습니다. 이런 장들은 음식을 맛있게 해 주는 것으로 영양분도 많습니다. 옛날에는 고기나 생선보다 주로 채소를 반찬으로 먹었기 때문에 단백질이 부족했습니다. 그래서 콩으로 된장, 고추장을 담그고 두부를 만들어서 단백질을 보충했습니다.

여러분이 매일 먹는 밥과 국, 김치가 바로 한국 음식의 기본이라고 할 수 있습니다. 모두 맛있게 드셨지요?

1. 국과 찌개의 차이점은 무엇입니까?

2. 한국 음식 가운데 장이 중요한 이유는 무엇입니까? 그리고 그 재료는 무엇입니까?

3. 윗글에 없는 내용을 모두 고르십시오.

- [ ] 밥의 역사
- [ ] 벼를 기르는 방법
- [ ] 장의 중요성
- [ ] 국과 찌개의 차이점
- [ ] 김치의 영양
- [ ] 김치의 종류

모둠 활동 여러분 나라의 음식 중에서 밥처럼 주식으로 하는 음식을 소개해 봅시다.

음식 이름	
주재료	
특징	

빼놓다 주식 벼 찌다 점차 아미노산 물질 건더기 장

쓰 기

다음은 잡채를 만드는 순서입니다. 설명에 맞는 그림을 고르십시오.

오늘의 요리 - 잡채

• 재료(2인 기준) :	당면 200g	소고기 50g	당근, 양파 50g씩
	피망, 붉은 고추 50g씩	간장 3큰술	설탕, 통깨, 식용유 1큰술씩
	참기름 1작은술	다진 마늘 2작은술	소금, 후춧가루 조금씩

1 소고기, 당근, 양파는 가늘게 채 썰고, 피망과 붉은 고추는 속을 빼고 채 썬다. 표고버섯은 물에 불렸다가 부드러워지면 채 썬다.

가 

2 프라이팬에 기름을 두르고 뜨거워지면 각각의 재료들을 센 불에서 빨리 볶은 후에 식힌다. 이 때 소금으로 간을 한다. 한편, 소고기와 표고버섯은 양념장과 함께 볶는다.

나 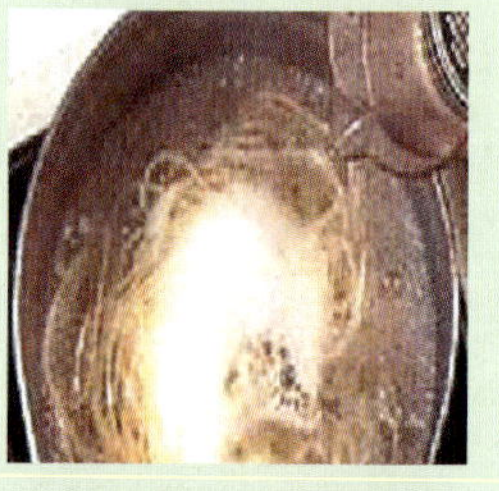

3 끓는 물에 당면을 넣고 삶아 찬물에 빨리 헹군다. 너무 오래 삶으면 맛이 없으므로 주의한다. 삶은 당면을 기름을 두른 프라이팬에 볶다가 간장 한 큰술을 넣어 간을 맞춘다.

다 

4 볶아서 식혀 놓은 당면에 준비한 재료들을 모두 넣고 간장, 설탕, 참기름, 통깨, 후춧가루를 넣어 골고루 버무린다.

라 

5 예쁜 그릇에 먹음직스럽게 담는다.

마 

위의 "오늘의 요리"를 보고 〈보기〉의 동사를 사용하여 여러분이 좋아하는 음식의 요리법을 소개해 보십시오.

〈보기〉	다듬다	씻다	썰다	볶다	삶다
	찌다	튀기다	버무리다	뿌리다	다지다

이름	
재료	
주의할 점	

채 썰다 불리다 두르다 볶다 식히다 삶다 헹구다 골고루 버무리다 다듬다 튀기다 뿌리다

속담 속의 떡

'금강산도 식후경' 이라는 말이 있다. 뱃속이 든든해야 어떤 일이든 잘 할 수 있기 때문에 그 무엇보다 먹는 것이 중요하다는 말이다. 한국인에게는 물론 밥이 제일가는 음식이지만, 그에 못지않게 중요한 음식이 바로 떡이다.

떡은 매일 먹는 밥과는 달리 특별한 날을 기념하기 위해 먹는다. 떡은 맛도 좋지만, 예전에는 농사가 잘 되었을 때만 먹을 수 있었기 때문에 풍요를 상징하는 음식이기도 하다. 떡에 관련된 속담이 많은 것은 이렇게 떡이 한국인에게 특별한 의미가 있기 때문이다.

예쁘게 장식된 음식이 더 맛있어 보인다는 뜻으로 '보기 좋은 떡이 먹기에도 좋다' 는 속담이 있고, 아직 좋은 일이 생기지 않았는데 지나치게 큰 기대를 갖는 사람에게 쓰는 말로 '떡 줄 사람은 생각도 않는데 김칫국부터 마신다' 가 있다.

또 우연히 얻은 기회를 잘 이용하는 경우에는 '떡 본 김에 제사 지낸다' 는 속담을 쓴다. 예를 들어 좋은 술을 선물 받았을 때, 이것을 기회로 오랫동안 못 만난 친구를 집으로 초대하는 경우에 쓸 수 있다.

겉으로만 좋아하는 척한다는 의미의 '미운 아이 떡 하나 더 준다' 라는 말도 있다. 이 밖에 '그림의 떡' 은 아무리 마음에 들어도 실제로 가질 수 없는 것을 가리킬 때 쓴다. 또 제삼자는 다른 사람의 문제에 너무 깊이 개입하면 안 된다는 의미로 '굿이나 보고 떡이나 먹자.' 라는 속담을 쓰기도 한다.

듣기 지문

듣고 말하기 p. 30

민 정 : 일본 사람들이 매운 음식을 잘 못 먹는다고 하**던데**, 나오코 씨는 김치 잘 먹어요?

나오코 : 한국에 처음 왔을 때는 잘 못 먹었지만, 매일 먹**다가 보니** 요즘은 김치가 없으면 밥을 못 먹을 정도예요.

민 정 : 한국 사람은 김치를 먹**어야** 제대로 식사를 했다고 생각해요.

나오코 : 그런데 민정 씨는 김치 담글 줄 알아요?

민 정 : 그럼요, 혼자서 해 본 적은 없지만 해마다 집에서 김장할 때 엄마를 도와 드려서 담글 줄 알아요.

나오코 : 그러면 김치를 맛있게 담그는 방법 좀 가르쳐 주세요.

민 정 : 왜요? 직접 담가 보려고요?

나오코 : 예, 전부터 꼭 한 번 해 보고 싶었지만 기회가 없어서 못 해 봤어요.

민 정 : 저도 엄마한테 들은 얘긴데, 재료를 잘 고르는 게 제일 중요해요. 특히 배추는 속이 단단하고 윤기가 나는 것이 좋아요.

나오코 : 그렇군요. 또 다른 것은 없어요?

민 정 : 있죠. 배추를 절이는 시간이 중요해요.

나오코 : 아, 그래요? 몇 시간 정도 절여야 돼요?

민 정 : 6시간에서 8시간 정도가 좋아요.

나오코 : 민정 씨가 가르쳐 준 대로 이번 주말에 한번 해 봐야겠어요.

듣기 과제 1 p. 31

한 수 : 나오코! 어디 가는 길이니?

나오코 : 김치 축제에 참가하러 가**는 길**이에요.

한 수 : 김치 축제라니?

나오코 : 외국인들이 김치를 직접 만들어 보는 행사예요. 가장 먹음직스럽고 맛있는 김치를 뽑아서 상을 준대요.

한 수 : 정말 재미있겠다. 혼자서 하는 거니?

나오코 : 아니요, 3명 이상이 한 팀을 만들어야 돼요. 그래서 작년에 같이 한국어를 배웠던 친구들하고 나가기로 했어요.

한 수 : 김치 만들어 본 적 있어?

나오코 : 제대로 따지면 한 번도 없**는 셈이에요**. 지난 주말에 혼자 담그다가 중간에 포기했거든요. 이번에 운이 좋아서 1등으로 뽑히면 선배님께 한턱 낼게요.

한 수 : 그래, 고마워. 꼭 1등 하길 바라.

듣기 과제 2 p. 35

궁합이라는 말을 들어 보셨습니까? 원래 궁합은 결혼을 앞둔 남녀의 성격이 잘 맞는지를 맞춰 보는 것입니다. 음식에도 궁합이 있는데, 두 음식이 서로 어울리는 정도를 음식 궁합이라고 합니다. 같이 먹어서 좋은 것은 궁합이 좋다고 하고, 함께 먹어서 나쁜 것은 궁합이 나쁘다고 합니다. 그래서 음식 궁합이 잘 맞는 음식을 먹으면 그 재료에 담긴 영양을 제대로 섭취할 수 있습니다.

궁합이 잘 맞는 음식에는 소고기와 배가 있습니다. 배와 함께 소고기를 요리하면 고기가 부드러워**질 뿐만 아니라** 흡수도 잘 됩니다. 돼지고기를 표고버섯과 함께 요리하면 돼지고기에 있는 콜레스테롤의 나쁜 작용을 줄일 수 있습니다. 또한 돼지고기 냄새를 줄이는 역할도 합니다. 굴과 레몬을 함께 먹으면 레몬이 철분의 흡수를 도와서 빈혈을 예방하는 역할을 합니다. 비타민 C가 풍부한 딸기를 우유에 섞어 먹으면 영양분의 흡수가 높아지기 때문에 건강에 좋습니다.

하지만 궁합이 맞지 않는 음식을 먹는 경우도 있습니다. 우리들이 즐겨 먹는 맥주와 땅콩, 커피와 크림, 토마토와 설탕은 서로 궁합이 맞지 않는 음식입니다.

제 3 과 돌잔치

도 입

다음 그림을 보고 이야기해 봅시다.

1

2

3

4

1. 여러분 나라에서는 언제 잔치를 합니까?

2. 그때 어떤 선물을 줍니까?

3. 잔치 때 먹는 특별한 음식이 있습니까?

듣고 말하기

다음 질문에 답하십시오.

1. 다음과 관계있는 것을 고르십시오.

돌 선물 환갑 미역국 케이크

- [ ] 생일
- [ ] 돌잡이
- [ ] 졸업
- [ ] 시험

2. 선물로 적당한 것끼리 연결하십시오.

돌을 맞은 아기에게	만년필
첫 월급을 받았을 때 부모님께	가루 비누
새로 이사간 선배에게	카네이션
졸업하는 사촌 동생에게	속옷
스승의 날 선생님께	아기 옷

다음 대화를 잘 듣고 질문에 답하십시오.

1. 다음 빈칸을 채우십시오.

(1) 그렇지 않아도 ________ 참이었어.

(2) 아이 ________? 정말 축하 드려요.

(3) ________ 꼭 한 번 보고 싶었는데, 잘 됐네요.

2. 한수가 나오코에게 연락하려고 한 이유는 무엇입니까?

- [ ] 대학원 모임이 있어서
- [ ] 돌잔치에 초대하기 위해서
- [ ] 스터디 시간을 몰라서
- [ ] 민정이 연락처를 알기 위해서

3. 돌잔치는 언제, 어디에서 열릴 예정입니까?

- 언제:
- 어디에서:

모둠 활동 다음 행사에 사람들을 초대하려고 합니다. 초대의 말을 해 봅시다.

모임의 종류	초대의 말
개강 잔치	안녕하세요? 새 학기를 맞이하여 내일 저녁 6시에 학교 앞 경희 식당에서 개강 잔치를 하려고 합니다. 회비는 10,000원입니다. 개강 잔치 후 과 대표를 뽑을 예정입니다. 특별한 일이 없는 분들은 꼭 참석해 주십시오.
생일 잔치	
졸업생 환송회	

듣기 과제 1

잘 듣고 질문에 답하십시오.

1. 다음 빈칸을 채우십시오.

(1) 민정 씨는 돌잔치에 자주 ________ 뭘 사는 게 좋을지 알 거 아니에요.

(2) 그보다는 ________ 건강하라는 의미에서 주는 거예요.

(3) 실은 저도 금반지를 ________, 좀 비싸서 망설이고 있었어요.

2. 돌 때 금반지를 선물하는 이유를 모두 고르십시오.

- □ 금반지가 장난감보다 비싸서
- □ 언제나 건강하라는 의미에서
- □ 아이가 직접 끼라는 뜻으로
- □ 필요할 때 돈으로 바꿔 쓰라고

3. 들은 내용과 다른 것을 고르십시오.

- ☐ 나오코는 선물 때문에 고민했다.
- ☐ 돌잔치는 주말에 있을 예정이다.
- ☐ 아기 옷은 돌 선물로 좋지 않다.
- ☐ 나오코와 민정이는 함께 금반지를 살 것이다.

모둠 활동 좋은 일을 맞은 사람을 축하하기 위해 선물과 축하 카드를 준비해 봅시다.

	선 물	축하 카드
졸 업	만년필, 앨범	선배님의 졸업을 진심으로 축하합니다. 4년간의 대학 생활을 마감하고 사회에 첫발을 내딛는 선배님의 앞날에 좋은 일만 가득하시기를 바랍니다. 졸업 후에도 저희 후배들 잊지 마세요. 다시 한 번 선배님의 새로운 출발을 축하 드립니다.
합 격		
결 혼		
승 진		

뷔페 돌잡이 장난감 금반지 끼다 변함없이

문 법

1 (그렇지 않아도) 동작동사 (으)려던 참이다

가: 제가 추천한 영화 봤어요?
나: 그렇지 않아도 이번 주말에 보려던 참이에요.

가: 선생님, 오늘 숙제는 없나요?
나: 안 그래도 막 내 주려던 참이에요.

가: 오늘 약속은 못 지킬 것 같은데 미안해서 어쩌죠?
나: 괜찮아요. 저도 일이 생겨서 약속을 미루려던 참이었어요.

다음 대화를 완성하십시오.

1. 가 : 저녁 먹었어요?
   나 :
2. 가 : 시내 서점에 같이 가시겠어요?
   나 :
3. 가 : 우체국에 가는데 뭐 부탁할 거 있어요?
   나 :

2 동사 았/었으면 하다/좋겠다

한국 문화를 체험할 기회가 더 많았으면 합니다.
부모님께서 건강하게 오래 사셨으면 좋겠어요.
실은 작년에 대학원에 갔으면 했는데, 시험을 망쳐서 포기해 버렸어요.
*약속 시간을 지켜 줬으면 좋았을 텐데.

〈보기〉와 같이 바꾸십시오.

〈보기〉 친구를 만나고 싶어요.
➡ 친구를 만났으면 좋겠어요.

1. 애완 동물을 한 마리 키우고 싶어요.
➡

2. 다시 만날 수 있기를 바라요.

3. 어렸을 때는 변호사가 되는 게 꿈이었어요.

3 동사 (으)ㄹ 테니(까)

오늘 저녁은 제가 준비할 테니까 어머니는 쉬세요.
비싼 선물은 부담스러울 테니까 가격이 적당한 걸로 준비합시다.
행사 때문에 주변이 복잡할 테니까 대중교통을 이용해 주세요.

알맞은 것끼리 연결한 후 〈보기〉와 같이 한 문장으로 만드십시오.

1.	오늘은 내가 내다	차를 두고 가다
2.	절대 후회하지 않다	자리를 잡아 두다
3.	조금 이따가 들어가다	집에 전화하다
4.	길이 미끄럽다	다음에 계산하다
5.	부모님께서 걱정하다	한번만 써 보다

〈보기〉 1. 오늘은 내가 **낼 테니까** 다음에 계산하세요.

2.

3.

4.

5.

4 명사 쯤 해서

6시쯤 해서 도착할 예정입니다.
다음 달 말쯤 해서 고향에 들를 생각이에요.
이쯤 해서 헤어집시다.

5 동사 (으)면 으레

오랜만에 사람을 만나면 으레 악수를 합니다.
갑자기 기침이 나면 으레 감기에 걸렸다고 생각하지요.
한복을 입으면 으레 불편하다고 생각합니다.

6 동작동사 (으)ㄴ 채(로)

급하게 나오는 바람에 열쇠를 방 안에 둔 채 문을 잠갔어요.
눈이 너무 나빠서 안경을 쓴 채로 목욕탕에 들어가요.
모자를 쓴 채 인사하면 실례입니다.

7 명사 조차

나이가 들어서 그런지 전화번호조차 잘 외우지 못해요.
목이 너무 아파서 물을 마시기조차 힘들어요.
투자를 잘못해서 조금 있던 돈조차 날려 버렸어요.

8 동사 (으)ㄴ/는 탓에, 명사 탓에

너무 서둔 탓에 중요한 서류를 놓고 나왔습니다.
그 사람은 알리바이가 없는 탓에 범인으로 오해를 받았습니다.
어두운 조명 탓에 얼굴을 정확히 보지는 못했습니다.

듣기 과제 2

다음 질문에 답하십시오.

1. 다음과 관계있는 것을 고르십시오.

합격하다	붙다	풀다	찍다	보다

☐ 승진　☐ 결혼　☐ 생일　☐ 시험

2. 비슷한 것끼리 연결하십시오.

합격하다	보다
기원하다	자녀
(시험을) 치르다	붙다
자식	빌다

잘 듣고 질문에 답하십시오.

1. 다음 빈칸을 채우십시오.

(1) 한국 사람들은 보통 ________ 친구에게 찹쌀떡과 엿을 선물합니다.

(2) 휴지는 시험 문제를 잘 풀라는 뜻이고, 포크와 도끼는 모르는 문제를 ________ 뜻입니다.

(3) 돋보기와 거울을 주는 경우도 있는데, 이것은 시험을 ________ 의미입니다.

2. 찹쌀떡과 엿을 선물하는 이유는 무엇입니까?

- ☐ 시험에 꼭 붙으라고
- ☐ 시험 문제를 잘 풀라고
- ☐ 모르는 문제를 잘 찍으라고
- ☐ 시험을 잘 보라고

3. 시험을 앞둔 사람에게 선물하지 않는 것을 고르십시오.

- ☐ 젓가락
- ☐ 포크
- ☐ 바나나
- ☐ 도끼
- ☐ 거울
- ☐ 휴지

모둠 활동 여러분 나라에서 특별한 의미를 갖고 있는 선물에 대해 소개해 봅시다.

나라 이름	언 제	무 엇	의 미
한 국	단오(음력 5월 5일)	부채	여름에 더위를 타지 말라고

앞두다 찹쌀떡 엿 붙다 붙이다 자식 합격 기원하다 풀다 도끼 찍다 돋보기

읽고 말하기

다음 글을 읽고 질문에 답하십시오.

돌잔치의 유래와 절차

돌은 아이가 태어난 지 1주년이 되는 생일날을 가리킨다. 이 때 대부분의 사람들은 아이를 위해 성대하게 잔치를 열어 주는데, 이를 돌잔치라고 한다. 옛날에는 의학이 발달하지 않아서 아기가 생후 1년을 무사히 넘기는 것이 쉽지 않았다. 돌잔치는 아이가 성장의 초기 과정에서 한 고비를 넘긴 것을 축하하는 의미에서 시작된 행사이다.

돌날 아침에는 제일 먼저 쌀밥과 미역국, 떡 등을 차려 놓고 아이의 건강과 행복을 비는 고사를 지낸다. 고사가 끝나면 가족과 가까운 친척들이 모여 아침을 먹고 나서 잔치를 시작한다. 돌상은 안방이나 대청에 차리는데, 돌상에는 각종 떡과 과일을 올려 놓는다. 특별한 돌 음식으로는 국수, 백설기, 수수팥떡 등이 있다. 국수는 장수를, 백설기는 무병을 의미하고, 수수팥떡은 부정을 막는 의미가 있다.

또한 돌상 앞에는 쌀, 돈, 실, 국수, 책, 연필, 활 등을 차려 둔다. 그런 다음 아이에게 자기가 갖고 싶은 물건을 집도록 하고 그것으로 아이의 미래를 점쳐 본다. 사람들은 아이가 쌀이나 돈을 집으면 부자가 될 것이고, 실이나 국수를 집으면 오래 살 것이라고 생각한다. 또 책이나 연필을 집으면 공부를 잘해서 학자가 될 것이고, 활을 집으면 씩씩한 군인이 될 것이라고 여긴다. 이러한 행사를 가리켜 '돌잡이'라고 한다.

돌잔치가 모두 끝나면 이웃집에 떡을 돌린다. 돌떡을 받은 집에서는 떡을 가져온 그릇을 씻지 않은 채로 돈이나 쌀, 실타래 등을 넣어 답례한다. 가까운 친척들은 옷이나 반지, 돈 등 다른 축하객보다 값이 나가는 선물을 하기도 한다.

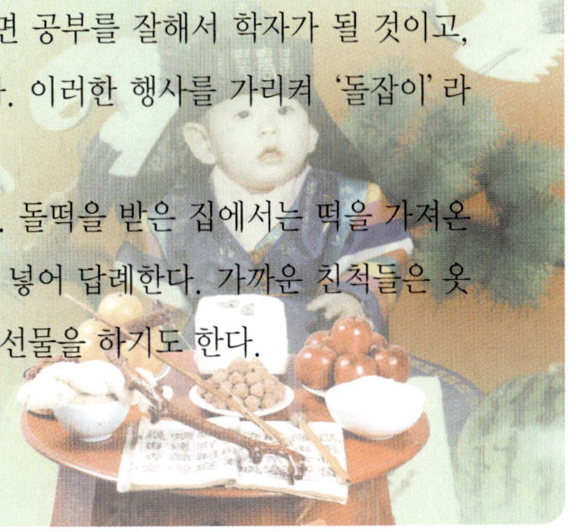

1. 돌잔치를 하게 된 이유를 쓰십시오.

2. 의미하는 것이 같은 것을 고르십시오.

□ 미역국, 백설기　　□ 국수, 실　　□ 과일, 연필　　□ 활, 수수팥떡

3. 돌잡이는 어떻게 합니까?

다음 글을 읽고 질문에 답하십시오.

잔치와 부조

우리 민족은 예로부터 잔치를 즐겨 왔습니다. 잔치란 좋은 일이 생겼을 때 이를 기념하고 축하하기 위해 벌이는 행사입니다. 생일을 맞거나 새 집으로 이사 갔을 때, 어려운 시험에 합격하거나 직장에서 승진했을 때 사람들은 빼놓지 않고 잔치를 합니다.

원래 잔칫집은 손님들로 가득하고 노래와 춤으로 떠들썩해야 한다고 했습니다. 또 잔칫상은 술과 고기, 갖가지 과일 등으로 풍성하게 차려졌습니다. 배부르게 먹고 마음껏 즐기는 것이야말로 잔치에서 제일 중요한 일이었습니다.

잔치에 초대받은 사람들은 축하의 의미로 선물을 하는데, 이를 '부조'라고 합니다. 옛날에는 자신의 형편에 따라서 부조를 다양하게 했습니다. 어떤 사람은 돈을 내고, 또 어떤 사람은 계란 몇 개를 들고 오고, 그것조차 없는 사람들은 직접 잔칫집 일을 도왔습니다. 이렇게 해서 자신의 마음을 표현하려고 했던 것입니다.

하지만 요즘은 예전과 같은 잔치를 보기가 어려워졌습니다. 대부분의 사람들이 도시에서 바쁘게 살아가는 탓에 부조 문화도 점차 변하고 있습니다. 요즘 사람들은 잔치 때마다 얼마 정도의 돈을 내는 것으로 축하의 마음을 대신합니다. 그렇지만 이웃의 경사를 내 일처럼 기뻐하는 마음은 옛날이나 지금이나 변함이 없습니다.

1. 잔치를 하는 경우가 <u>아닌</u> 것을 고르십시오.

- ☐ 생일을 맞았을 때
- ☐ 새 집으로 이사를 갔을 때
- ☐ 직장에서 승진했을 때
- ☐ 친구가 찾아왔을 때

2. 잔치에서 제일 중요한 일을 고르십시오.

- ☐ 손님을 많이 초대하는 것
- ☐ 배부르게 먹고 즐기는 것
- ☐ 선물을 준비하는 것
- ☐ 잔칫집 일을 도와 주는 것

3. 부조는 무엇입니까?

유래 절차 주년 성대하다 생후 무사히 넘기다 성장 초기 고비 고사
백설기 수수팥떡 장수 무병 부정 활 집다 여기다 이웃 실타래
답례하다 값이 나가다 부조 민족 예로부터 기념하다 벌이다 맞다 승진하다
갖가지 풍성하다 차리다 형편 예전 대신하다 경사

쓰 기

다음 빈칸을 채우고 연설문을 완성하십시오.

가	주장	한국어를 잘 하려면 한국에서 한국어를 배워야 한다.
	근거	① 실제 한국 사람들이 사용하는 한국어를 배울 수 있다. ② 한국 사람들과 말할 수 있는 기회를 많이 가질 수 있다. ③ ④
나	반론	한국에서 한국어를 배우지 않아도 된다.
	근거	① 유학을 하기 위해서는 하던 일을 그만 두어야 한다. ② 생활비와 학비 등 많은 비용이 든다. ③ ④

한국어는 한국에서 배워야 합니다.

한국어를 잘 하는 방법이 궁금하십니까? 저는 제 경험을 여러분에게 말씀 드리고자 합니다. 제 주위에는 한국어를 배우고 싶어하는 사람들이 무척 많았습니다. 혼자서 텔레비전을 보면서 공부하기도 하고 학원에서 개인 교습을 받기도 하지만, 실력이 잘 늘지 않아 고민하는 친구들이 많았습니다. 저는 한국어는 한국에서 배우는 것이 가장 좋다고 생각합니다. 하지만 유학을 하는 것은 쉬운 문제가 아니라고 주장하는 사람들이 많습니다. 그 사람들은 (나) ....

....

하지만 한국어를 잘 하려면 한국에서 배우는 것이 낫습니다. (가) ....

....

그러므로 한국어를 잘 하기 위해서는 한국에서 유학하는 것이 가장 좋은 방법이라고 생각합니다.

관혼상제

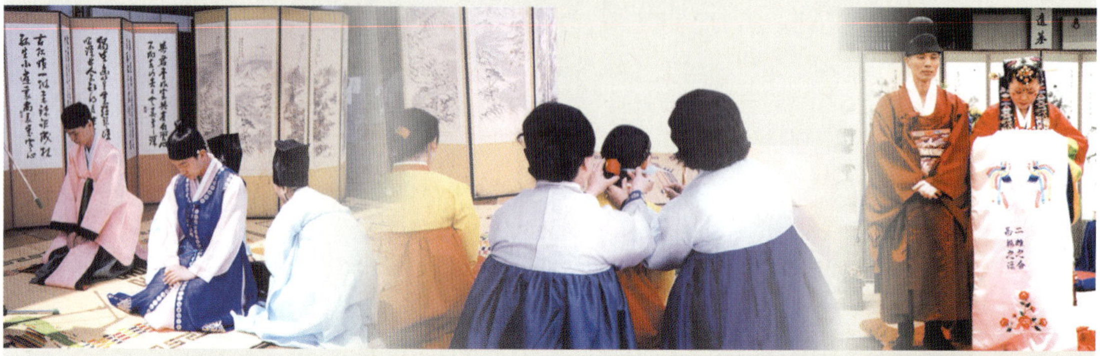

사람이 살면서 꼭 지켜야 할 예법은 관례(冠禮), 혼례(婚禮), 장례(葬禮), 제례(祭禮)의 네 가지로 나눌 수 있는데, 이것을 관혼상제(冠婚喪祭)라고 한다. 성인이 되고, 혼례를 올리고, 장례와 제례를 치르는 것은 사람의 일생과 관계가 깊다.

관례는 아이가 어른이 되는 의식이다. 이 때 남자는 상투를 올리고 여자는 비녀를 꽂는다. 요즘은 이런 절차를 행하기 어렵기 때문에 만으로 이십 세가 되면 성인이 되는 것을 기념하여 성년의 날 행사를 갖는다. 혼례는 결혼식을 말하는데, 혼례의 형식을 서양식으로 하느냐 전통식으로 하느냐에 따라 예복과 절차가 달라진다. 장례는 사람이 죽은 후에 치르는 의식이다. 삼일장, 오일장, 칠일장 등 장례 기간에 따라 이름이 달라지는데, 요즘은 보통 삼일장을 한다. 삼일이라는 기간은 죽은 사람이 저승에 갔다가 되돌아오는 시간에서 유래되었다고 한다. 제례는 돌아가신 조상의 은혜에 감사하고 조상을 섬기는 의식이다. 제례는 시대에 따라 형식이 변하기는 했지만, 그 근본 정신은 지금까지 이어져 오고 있다.

듣기 지문

듣고 말하기 p. 46

나오코 : 한수 선배님, 안녕하세요?
한 수 : 아, 나오코! 마침 잘 됐네. **그렇지 않아도** 연락하**려던 참이었어**.
나오코 : 저한테요? 무슨 일이신데요?
한 수 : 다음 주 토요일이 내 딸아이 돌이거든. 그래서 돌잔치를 하려고 하는데, 나오코도 와 주**었으면 해서**.
나오코 : 아이 돌이라고요? 정말 축하 드려요. 돌잔치는 어디서 하는데요?
한 수 : 저녁 6시부터 9시까지 회기역 근처에 있는 장미 뷔페에서 할 예정이야. 시간 괜찮으면 와서 식사라도 같이 해.
나오코 : 네, 그럴게요. 대학원 스터디가 있기는 하지만 끝나는 대로 가면 많이 늦지는 않을 거예요.
한 수 : 몇 시까지 올 수 있어?
나오코 : 6시 30분**쯤 해서** 도착할 수 있을 것 같아요.
한 수 : 그럼 돌잡이는 볼 수 있겠네.
나오코 : 돌잡이라고요? 전부터 꼭 한 번 보고 싶었는데, 잘 됐네요.
한 수 : 장소는 민정이가 잘 **알 테니까** 민정이하고 같이 와.

듣기 과제 1 p. 47

민 정 : 나오코 씨, 주말에 돌잔치 갈 거죠? 선물은 준비했어요?
나오코 : 아직요. 그렇지 않아도 그거 때문에 물어보려던 참이었어요. 민정 씨는 돌잔치에 자주 가 봤을 테니까 뭘 사는 게 좋을지 알 거 아니에요.
민 정 : 글쎄요. 아기 옷이나 장난감도 괜찮겠지만, 한국 사람들은 돌잔치 하**면 으레** 금반지를 생각해요.
나오코 : 금반지라고요? 아기도 반지를 끼나요?
민 정 : 아니요, 꼭 끼라는 의미에서 주는 건 아니에요. 그보다는 금처럼 변함없이 건강하라는 의미에서 주는 거예요. 또 금은 돈으로 쉽게 바꿀 수 있으니까 필요할 때 바꿔 쓰라는 의미도 있지요.
나오코 : 아, 그래요? 그럼 금반지를 사야겠군요.
민 정 : 실은 저도 금반지를 샀으면 했는데, 좀 비싸서 망설이고 있었어요. 우리 둘이 같이 사는 건 어떨까요?
나오코 : 그거 좋은 생각이네요.

듣기 과제 2 p. 51

한국 사람들은 보통 시험을 앞둔 친구에게 찹쌀떡과 엿을 선물합니다. 이것은 시험에 꼭 붙으라는 의미입니다. 그래서 중요한 시험이 있는 날, 교문에 엿을 붙이고 자식의 합격을 기원하는 어머니의 모습을 자주 볼 수 있습니다.

그 밖에 다른 것을 선물하는 경우도 있는데, 그 뜻이 아주 재미있습니다. 휴지는 시험 문제를 잘 풀라는 뜻이고, 포크와 도끼는 모르는 문제를 잘 찍으라는 뜻입니다. 돋보기와 거울을 주는 경우도 있는데, 이것은 시험을 잘 보라는 의미입니다. 여러분도 한번 시험을 앞둔 친구에게 선물해 보세요.

제 4 과 분실

도 입

다음 그림을 보고 이야기해 봅시다.

1

2

3

4

1. 물건을 잃어버린 적이 있습니까?

2. 잘 잃어버리는 물건에는 어떤 것이 있습니까?

3. 물건을 잃어버렸을 때 어떻게 했습니까?

듣고 말하기

다음 질문에 답하십시오.

1. 다음과 관계있는 것을 고르십시오.

은행	구매	현금 서비스	수수료	비밀 번호

☐ 이자　☐ 통장　☐ 신용 카드　☐ 현금 카드

2. 알맞은 것끼리 연결하십시오.

빚을	아프다
겁이	빌리다
곤란을	겪다
골치가	갚다
돈을	나다

다음 대화를 잘 듣고 질문에 답하십시오.

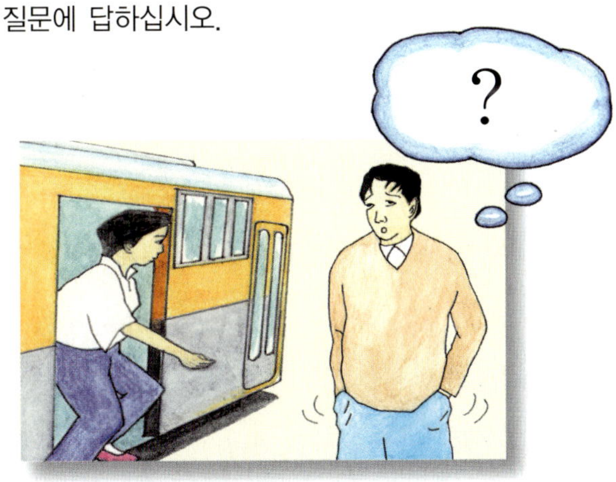

1. 다음 빈칸을 채우십시오.

(1) 소개팅 하러 가는 길에 지갑을 ________ 만나지도 못했어요.

(2) 돈도 ________ 너무 속상하길래 그냥 집으로 돌아와 버렸어요.

(3) 돈도 돈이지만 신용카드하고 신분증도 다 ________ 큰일이에요.

2. 영철이 소개팅에 나가지 않은 이유를 고르십시오.

☐ 가는 길에 지갑을 잃어버려서　☐ 갑자기 급한 약속이 생겨서

☐ 지하철을 놓쳐서　☐ 약속을 잊어버려서

3. 영철의 지갑에 들어 있었던 것을 모두 고르십시오.

- [ ] 돈
- [ ] 교통 카드
- [ ] 신용 카드
- [ ] 사진
- [ ] 명함
- [ ] 신분증
- [ ] 수첩
- [ ] 현금 카드

4. 현금 카드를 신고하지 않은 이유는 무엇입니까?

짝활동 자신이 잃어버린 물건에 대해서 이야기해 봅시다.

분실한 날짜와 장소	물건	기억에 남는 이유
작년 봄, 도서관	책	책을 잃어버려서 시험 공부를 못했다.

듣기 과제 1

잘 듣고 질문에 답하십시오.

1. 다음 빈칸을 채우십시오.

(1) 신고는 했으니까 ________ 기다려 보려고요.

(2) 아직 카드 사용에 ________ 그래요.

(3) 카드로 돈을 빌리면 이자율이 아주 높으니까 ________ 안 빌리는 게 좋죠.

2. 들은 내용 중 신용카드의 단점을 모두 고르십시오.

- [ ] 한 번 잃어버리면 큰 곤란을 겪게 된다.
- [ ] 괜히 쓸데없는 것도 많이 사게 된다.
- [ ] 충동적으로 과소비를 하게 된다.
- [ ] 급하게 돈이 필요할 때도 이용할 수 있다.
- [ ] 현금보다 더 안전하지 않다.
- [ ] 이자율이 아주 높아서 편리하다.

3. 신용카드의 또 다른 장단점에 대해 쓰십시오.

- 장점: ________
- 단점: ________

짝 활동 여러분은 어떤 카드를 가지고 있습니까? 주로 언제 사용합니까?

카드의 종류	카드의 장점	주요 사용처
교통 카드	표를 사기 위해 줄을 설 필요가 없다.	지하철이나 버스를 탈 때 이용한다.

소개팅 흘리다 속상하다 들어 있다 잔뜩 가는 날이 장날이다 신용카드 신분증 신고 현금 카드 골치 곤란을 겪다 충동적으로 과소비 익숙하다 빚을 갚다 함부로 겁이 나다 이자율 웬만하면

문 법

1 동사 (ㄴ/는)다면서(요)?

세종대왕께서 한글을 직접 만드셨다면서요?
우리 선생님에게 아이가 있다면서요?
어제 우리가 만나 뵌 분이 유명한 한의사라면서요?

다음 대화를 완성하십시오.

1. 가 :
   나 : 네, 민정이랑 같이 유럽 배낭 여행을 떠나기로 했어요.
2. 가 :
   나 : 네, 나오코가 시험 공부를 아주 열심히 한 것 같아요.
3. 가 :
   나 : 그렇다고 하더군요. 앞으로는 저축을 더 많이 해야겠어요.

2 동사 기는(요)

가 : 하루 종일 우울한 걸 보니까 안 좋은 일이 있나 봐요.
나 : 안 좋은 일이 있기는요. 감기 기운이 좀 있어서 그래요.

가 : 피곤할 텐데 그만 들어가 쉬세요.
나 : 피곤하기는요. 이제 7시밖에 안 됐는데요.

가 : 자동차를 선물하겠다는 걸 보니까 친구가 부자인가 봐요.
나 : 부자는요. 괜히 하는 소리지요.

다음 대화를 완성하십시오.

1. 가 : 빵을 좋아하시나 봐요.
   나 : ______ 바빠서 할 수 없이 먹는 거죠.
2. 가 : 장학금을 매번 받는 걸 보니까 공부를 아주 열심히 하시나 봐요.
   나 : ______ 그저 운이 좋아서 그렇죠.
3. 가 : 중국에 가신다면서요?
   나 : ______ 아직 제주도도 못 가봤는데요.

3 동사 길래

배가 고프길래 라면을 끓여 먹었습니다.
자동차에서 이상한 소리가 나길래 정비 공장에 다녀왔습니다.
동생이 그때까지 안 들어왔길래 다시 찾으러 나갔어요.

〈보기〉와 같이 바꾸십시오.

〈보기〉 바람이 불어서 모자를 벗었습니다.
➡ 바람이 불길래 모자를 벗었습니다.

1. 친구가 들고 있는 짐이 너무 무거워 보여서 들어 주기로 했습니다.
➡

2. 다음 주에 연휴가 있어서 친구에게 같이 여행을 가자고 했어요.
➡

3. 핸드폰 요금이 너무 많이 나와서 통신 회사에 전화를 걸어 봤습니다.
➡

4 동사 더니

어제는 몹시 피곤하더니 오늘은 몸이 아주 가볍습니다.
물을 많이 마시더니 화장실에 자주 가네요.
해열제를 먹었더니 열이 내렸습니다.

〈보기〉와 같이 두 문장을 연결하십시오.

〈보기〉 학교에 일찍 오다 / 교실에 아무도 없다
➡ 학교에 일찍 왔더니 교실에 아무도 없었습니다.

1. 어렸을 때는 키가 작다 / 지금은 반에서 제일 크다
➡

2. 많이 먹다 / 결국 배탈이 나다
➡

3. 친구 집에 밤늦게 전화하다 / 부모님께서 싫어하다
➡

5 동작동사 다 보면

열심히 책을 읽다 보면 저절로 이해하게 될 거예요.
계속 가다 보면 왼쪽으로 큰 교회가 보일 겁니다.
살다 보면 가끔 힘든 일도 겪게 됩니다.

6 동작동사 곤 하다

비가 내리면 추억에 잠기곤 합니다.
일요일에는 늦잠을 자곤 합니다.
그 사람은 다른 사람 몰래 가난한 친구를 돕곤 했습니다.

7 동사 (으)ㄴ/는데도 (불구하고)

폭설이 내리는데도 불구하고 문병을 가기로 했습니다.
이 책은 값이 싼데도 불구하고 내용이 아주 좋다.
장애인인데도 불구하고 올림픽에서 메달을 땄어요.

8 동작동사 아/어 버리다

아이는 엄마를 보자마자 울어 버렸습니다.
방이 너무 좁아서 침대를 치워 버렸습니다.
한마디 인사도 없이 친구가 떠나 버렸어요.

9 동작동사 든지

휴일에는 도서관에 가든지 친구를 만나든지 합니다.
시간이 남으면 책을 읽든지 하시죠?
동생이 철이 없어서 뭘 하든지 걱정이 앞섭니다.

10 동사 (으)ㄹ 뿐이다

내 마음을 이해해 주기를 바랄 뿐이다.
그저 멍하니 하늘만 바라보고 있을 뿐이었다.
괜히 가격만 비쌀 뿐 실속이 없다.

듣기 과제 2

다음 질문에 답하십시오.

1. 다음과 관계있는 것을 고르십시오.

학생증	외국인 등록증	운전면허증	여권	주민등록증

☐ 신용 카드 ☐ 신분증 ☐ 수료증 ☐ 연락처

잘 듣고 질문에 답하십시오.

1. 다음 빈칸을 채우십시오.

(1) 어제 오후 5시 30분쯤에 동대문역을 ______

(2) 아마 현금은 ______

(3) 그러면 ______ 알려 주세요.

2. 영철은 언제, 어디에서 지갑을 잃어버렸습니까?

■ 언제 : ______

■ 어디에서 : ______

3. 지갑에 들어 있었던 물건을 모두 고르십시오.

☐ 학생증 ☐ 운전면허증 ☐ 신용 카드 ☐ 현금 15만 원

4. 3시 이후에 다시 전화해야 하는 이유는 무엇입니까?

짝활동 학생증을 잃어버렸습니다. 아래의 재발급 신청서를 써 봅시다.

분류번호	F24
보존기간	10년(을)종

계	대리	차장	지점장

신분증(학생증) 카드 사고 신고 및 재발급 신청서

계좌번호	※	비밀번호	※
신고사유	□ 분실 □ 훼손	변경 후 비밀번호 (분실했을 때만)	※

위와 같이 신고하오니 변경(신청) 사항을 처리하여 주시기 바랍니다.

년 월 일

학교명	※	단과대학명	※
학부, 학과(전공)	※ 학과 · 전공		
성 명	※	학 번	※
주민등록번호	※ -	전 화	※
주 소	※		

예금주 및 위임인 사인	※	학생과(도서관) 확인	(인)

(주의) ① 사인은 통장의 거래용 사인으로 하여 주십시오.
② ※ 표시 부분에 기입하여 주십시오.
③ 재발급을 신청할 때 은행에서 정한 수수료를 내셔야 합니다.

주식회사 **경 희 은 행** 앞 Kyung Hee BANK

갈색 분실물 운전면허증

읽고 말하기

다음 글을 읽고 질문에 답하십시오.

실 수

살면서 실수를 한 번도 하지 않은 사람은 없을 것이다. 좀처럼 실수를 하지 않는 사람은 인간적이지 않다는 말을 듣곤 한다. 사전에서는 '잘 알지 못하거나 부주의해서 저지르는 잘못'을 실수로 정의하고 있다. 또한 실패와 대비하여 대단치 않거나 가벼운 일을 뜻하지 않게 잘못한 것으로 설명하고 있다. 이에 비해 실패는 중요한 일을 능력 부족이나 어려운 여건 등의 이유로 이루지 못한 것으로 정의하고 있다. 하지만 사소한 것과 중요한 것을 나누는 기준은 매우 주관적이어서 그 정도를 딱 부러지게 말할 수는 없다.

어떻게 하면 실수를 하지 않을 수 있을까? 항상 어떤 일을 시작하기 전에 미리 생각하고 준비하는 자세가 필요하다. 또한 중요한 일을 할 때에는 너무 긴장하지 말고 여유를 가져야 한다. 하지만 많은 노력을 했는데도 불구하고 어쩔 수 없이 실수를 했을 때는 지나치게 자신을 탓하거나 원망하지 말아야 한다. 그보다는 차분히 실수를 하게 된 원인을 찾아보고 다시는 똑같은 실수를 반복하지 않도록 노력하는 것이 중요하다.

1. '실수'와 '실패'를 사전에서는 어떻게 정의하고 있습니까?

   ■ 실수 명

   ■ 실패 명

2. 실수와 실패를 구분하기 어려운 이유는 무엇입니까?

3. 실수를 하지 않기 위해서는 어떤 노력이 필요한지 모두 고르십시오.

   □ 일을 시작하기 전에 미리 준비한다. □ 긴장하지 말고 여유를 가진다.
   □ 실수를 했을 때는 자신을 원망해야 한다. □ 똑같은 실수를 반복하지 않도록 노력한다.

짝 활동 "실수와 실패" 경험에 대해 이야기해 봅시다.

이 름	실 수	실 패
빌리	아침에 지각을 했다.	거래처와 계약을 하지 못했다.

다음 글을 읽고 질문에 답하십시오.

5분

언제부터인지 모르겠지만 스트레스가 쌓일 때 나는 건망증 때문에 실수를 하곤 한다. 특히 여자 친구와 5분 이내에 뭘 하기로 약속을 한 경우에 더 심하다.

"5분 후에 자기가 전화해."

"응, 알았어. 내가 전화할게."

5분이라는 시간은 참 애매하다. 가만히 있기에는 조금 길고, 그렇다고 뭘 하기엔 짧고……. 이런 경우 난 5분 동안 가만히 있지 못한다. 신문이나 책을 읽든지 아니면 하던 일을 마저 하든지 하면서 그 시간에 뭐 한 가지는 꼭 한다.

문제는 그때 발생한다. 나는 뭐든지 한 가지 일을 시작하면 금방 거기에 빠져 들어 버린다. 그러다 보면 2~30분이 흐르는 건 아주 잠깐이다. 기다리다 지친 상대방이 전화를 해서 "뭐 해?"라고 퉁명스럽게 말하면 그때서야 '아차, 내가 전화하기로 했지.' 하고 뒤늦게 생각이 난다. 하지만 그때는 이미 '버스 떠난 뒤에 손 흔들기'이다.

그런 일로 곤란을 겪은 게 벌써 한두 번이 아니다. 그런 일을 겪을 때마다 '다시는 그러지 말아야지' 하고 반성을 하지만 왜 자꾸 같은 실수를 되풀이하는 걸까?

"형수님, 전 왜 이렇죠?"

"하하" 웃으면서 형수님이 해답을 일러 주신다.

"그럴 때는 아무 일도 하지 말고 기다려야죠."

이렇게 간단한 이치를 난 왜 모르고 있었을까? 5분을 기다리지 못하는 것, 그것은 시간을 효율적으로 사용하는 것이 아니라 단지 자신의 조급증을 이기지 못하는 것일 뿐이다.

1. 5분은 왜 애매한 시간입니까?

2. '버스 떠난 뒤에 손 흔들기'에 어울리는 상황을 고르십시오.

- ☐ 나쁜 일을 저지르고 나서 모른 척한다.
- ☐ 비싼 물건을 산 후에 후회를 한다.
- ☐ 잘못한 사람이 오히려 화를 낸다.
- ☐ 비밀을 지키지 못해 친구와 싸운다.

3. 형수님이 가르쳐 준 방법은 무엇입니까?

짝활동 친구에게 아래 내용을 질문하고, 결과에 대해 함께 이야기해 봅시다.

번호	질문 사항	자주	가끔	없음
1	자기 집 전화번호가 생각나지 않을 때가 있다.	2	1	0
2	비 오는 날 우산을 잃어버린 적이 있다.	2	1	0
3	약속 시간을 잊어버린 적이 있다.	2	1	0
4	친한 친구 이름이 생각나지 않는 경우가 있다.	2	1	0
5	슬리퍼를 신고 외출한 적이 있다.	2	1	0
6	물건을 사고 거스름돈을 받지 않은 적이 있다.	2	1	0
7	지하철이나 버스에 물건을 두고 내린 적이 있다.	2	1	0
8	오늘의 날짜나 요일이 한참 생각나지 않은 적이 있다.	2	1	0
9	통장 비밀번호를 잊어버린 적이 있다.	2	1	0
10	자신의 생일을 잊어버린 적이 있다.	2	1	0

※ 이 질문에 대한 점수를 모두 합산한 결과는 다음과 같다.

■ 정상 : 0-5점 ■ 조심 : 6-10점 ■ 위험 : 11-15점 ■ 건망증 : 16-20점

좀처럼 인간적 부주의하다 저지르다 정의하다 실패 대비하다 대단하다 능력
여건 사소하다 주관적 부러지다 긴장하다 여유 탓하다 원망하다 차분히
반복하다 건망증 이내 자기 애매하다 가만히 마저 발생하다 빠져 들다
퉁명스럽다 아차 뒤늦다 곤란을 겪다 되풀이하다 일러 주다 이치 효율적
단지 조급증

쓰 기

다음 광고를 참고하여 잃어버린 물건을 찾는 광고를 만드십시오.

가방을 찾습니다.

며칠 전에 이곳 도서관 화장실에서 녹색 책가방을 잃어버렸습니다. 둘레가 검은색 가죽으로 되어 있는 가방입니다. 특별히 비싼 물건은 아니지만, 사촌 언니에게 선물로 받은 것이어서 저에게는 무척 소중한 가방입니다. 그리고 가방 안에 취직에 필요한 추천서가 들어 있기 때문에 다음 주 초까지 꼭 찾아야 합니다. 가방을 보시거나 보관하고 계시는 분은 아래 연락처로 연락해 주십시오. 사례하겠습니다.

분실 일시: 20○○년 11월 ○일 저녁 6시경

분실 장소: 도서관 2층 여자 화장실

내 용 물: 화장품, 추천서, 수첩, 책 두 권

연 락 처: 010-244-1399

잃어버린 물건		잃어버린 시간	
잃어버린 장소		물건의 특징	
연락처			
물건의 모양과 색깔			

__________________ 찾습니다.

....

....

....

....

....

....

....

분실 일시: ....

분실 장소: ....

내용물: ....

연락처: ....

녹색 둘레 가죽 사촌 언니 무척 소중하다 취직 추천서 초 보관하다 사례하다 내용물 화장품

생활 속의 관용 표현

생활 속에서 자주 접하는 관용 표현에 재미있는 것들이 있다. 신체의 일부분을 빗대어 표현하는 '한턱 내다', '눈감아 주다' 등은 우리가 흔히 들을 수 있는 관용 표현이다. 주위 사람에게 좋은 일이 생겼을 때 우리는 그 사람에게 한턱 내라고 한다. '한턱 내다'는 다른 사람에게 술이나 음식을 크게 대접한다는 뜻인데, 가끔 농담으로 두 턱을 내라는 말을 하기도 한다. '눈감아 주다'는 남의 잘못을 못 본 체한다는 뜻으로 '봐주다'와 같은 의미로 쓰인다. '눈을 감다'가 '죽다'라는 의미가 있는 데 비해, '눈감아 주다'는 그와 상관없이 다른 사람의 사정을 이해하여 잘못을 못 본 체해 준다는 뜻으로 쓰인다.

생각하지 못했던 일이 생기거나 일의 결과가 놀랍고 엄청나서 어이가 없을 때 우리는 '기가 막히다'라는 표현을 쓴다. 예를 들어, 늦게 일어나서 학교에 지각을 하게 됐을 때 어머니에게 화를 내고 짜증을 부리는 경우가 있다. 이때 어머니는 기가 막힐 것이다. 또 말로 표현할 수 없을 만큼 좋을 때도 '기가 막히게 좋다'라는 말을 한다.

약속 장소에서 기다리는 사람이 오지 않을 때는 '바람을 맞았다'고 하며, 물건을 제값보다 비싸게 주고 샀을 때 '바가지를 썼다'라고 한다. 택시를 타고 목적지까지 갔는데 평소 요금보다 훨씬 비싸게 나오는 경우가 있다. 이럴 때는 '바가지 요금을 냈다'고 할 수 있다.

듣기 지문

듣고 말하기 p. 59

빌 리 : 영철 씨, 어제 소개팅 했**다면서요**? 재미있었어요?

영 철 : 재미있**기는요**. 소개팅 하러 가는 길에 지갑을 잃어버려서 만나지도 못했어요.

빌 리 : 예? 어디서 잃어버렸어요?

영 철 : 아마 지하철에서 흘린 것 같아요.

빌 리 : 저런. 그래서 어떻게 했어요?

영 철 : 전화해서 지금 만날 수 없으니까 다음에 만나자고 했지요.

빌 리 : 왜요? 그냥 만나지 그랬어요?

영 철 : 돈도 없는 데다가 너무 속상하**길래** 그냥 집으로 돌아**와 버렸어요.**

빌 리 : 지갑에 돈도 많이 들어 있었겠네요.

영 철 : 네, 오랜만에 돈을 잔뜩 찾았**더니** 가는 날이 장날이라고 그날 잃어버렸지 뭐예요. 돈도 돈이지만 신용 카드하고 신분증도 다 없어져서 큰일이에요.

빌 리 : 신고는 했어요?

영 철 : 신용 카드는 신고했고, 현금 카드는 돌아올지도 모르니까 조금 기다려 보려고요. 전에도 그런 적이 있었거든요.

듣기 과제 1 p. 60

빌 리 : 영철 씨, 지갑하고 신용 카드 찾았어요?

영 철 : 아니요, 아직 못 찾았어요. 신고는 했으니까 한두 주쯤 기다려 보려고요.

빌 리 : 신용 카드는 한 번 잃어버리면 너무 골치 아픈 일이 많이 생기는 것 같아요. 잘못되면 큰 곤란을 겪게 되잖아요.

영 철 : 항상 조심하는 게 중요해요.

빌 리 : 신용 카드를 사용하면 괜히 쓸데없는 것도 많이 사게 되는 것 같아요. 충동적으로 과소비를 하게 된다고 하더라고요.

영 철 : 아직 카드 사용에 익숙하지 않아서 그래요. 자주 사용하**다 보면** 요령이 생겨서 함부로 사용하지 않게 돼요. 빌리 씨는 신용 카드 사용하지 않아요?

빌 리 : 예, 미국에서는 사용했지만 한국에서는 사용하지 않아도 별로 불편한 것을 모르겠어요. 그래서 그냥 현금만 써요.

영 철 : 현금을 가지고 다니는 게 더 위험할 수도 있어요. 신용 카드는 잃어버려도 신고만 빨리 하면 되니까 더 안전하지 않겠어요? 급하게 돈이 필요할 때도 이용할 수 있고요.

빌 리 : 나도 하나 만들까 하는 생각이 들 때도 있지만, 카드 빚을 갚지 못하는 사람이 많다는 뉴스를 들을 때마다 카드 만들기가 겁이 나요.

영 철 : 그건 그래요. 카드로 돈을 빌리면 이자율이 아주 높으니까 웬만하면 안 빌리는 게 좋죠.

듣기 과제 2 p. 65

안내원 : 예, 4호선 지하철 유실물 센터입니다.

영 철 : 안녕하세요. 어제 지하철에서 갈색 지갑을 하나 잃어버렸는데요.

안내원 : 언제 잃어버리셨나요?

영 철 : 어제 오후 5시 30분쯤에 동대문역을 지나고 있었어요.

안내원 : 아직 갈색 지갑은 들어온 게 없는데요. 어제 오후에 잃어버리셨으면 3시 이후에 다시 한 번 전화해 주시겠어요? 어제 오후 분실물은 그때쯤 다 들어오거든요. 지갑에 어떤 게 들어 있었죠?

영 철 : 현금 12만 원하고 운전면허증, 신용 카드, 현금 카드가 있었어요.

안내원 : 아마 현금은 찾기 어려울 거예요. 신용 카드는 신고하셨나요?

영 철 : 네, 어제 신고했습니다.

안내원 : 그러면 성함하고 전화번호를 알려 주세요. 들어오는 대로 전화 드리겠습니다.

단어맞추기

가로열쇠

1 옛날부터 사람들이 아플 때 사용하던 방법으로, 병원에서는 잘 쓰지 않고 주로 집에서 쓴다.

3 돌잔치 때 아이에게 실, 돈, 연필 등을 집게 하는 것.

6 머리가 아파서 약을 먹었다. 그래서 지금 머리가 아프지 않다. 그 약은 ○○가 있다.

8 더운 여름에 삼계탕처럼 뜨거운 음식을 먹고 더위를 잊는 것을 말한다.

11 돌잔치는 아이가 성장의 초기 과정에서 한 ○○를 무사히 넘긴 것을 축하하는 의미에서 시작되었다.

12 새 집으로 이사한 기념으로 하는 잔치, ○○○에는 주로 가루 비누나 성냥을 선물한다.

14 버스, 지하철은 대중 ○○ 수단이다.

15 사람들이 일하는 곳. 국제교육원 교학부 ○○○은 106호이다.

16 찌개는 국보다 ○○○가 많은 게 특징이다.

19 허리나 무릎이 아픈 병으로 뜨거운 수건으로 찜질하면 좋다.

20 잠이 안 오는 병, 커피를 마시면 안 된다.

21 사슴의 뿔. 인삼과 ○○을 넣은 약은 몸에 아주 좋다.

세로 열쇠

2 어떤 것을 하는 방법, 자기 소개서 작성 ○○.

4 은행에서 돈을 빌리면 빌린 돈하고 ○○를 갚아야 한다.

5 ○○ 때문에 이가 아프면 치과에 가야 한다.

7 필요없는 물건을 사면서 돈을 많이 쓰는 것.

8 돌잔치를 한 후 ○○○에 떡을 나눠 준다.

9 문을 열 때 ○○가 필요하다.

10 학생들은 ○○ 학생 식당에서 점심을 먹는다.

11 혈압이 높은 것.

13 집을 옮기는 것, 기숙사에서 하숙집으로 ○○를 간다.

14 학생들이 공부하는 곳.

16 무엇이든 잘 잊어버리는 병.

17 대학원을 선택하는 ○○으로 전공의 유무, 학교의 명성, 교수진, 수업료 등이 있다.

18 머리가 아프거나 이가 아플 때 먹는 약.

19 ○○카드의 장점은 언제 어디서나 현금처럼 편리하게 쓸 수 있다는 점이다.

제5과 건강

도 입

다음 그림을 보고 이야기해 봅시다.

1 

2 

3 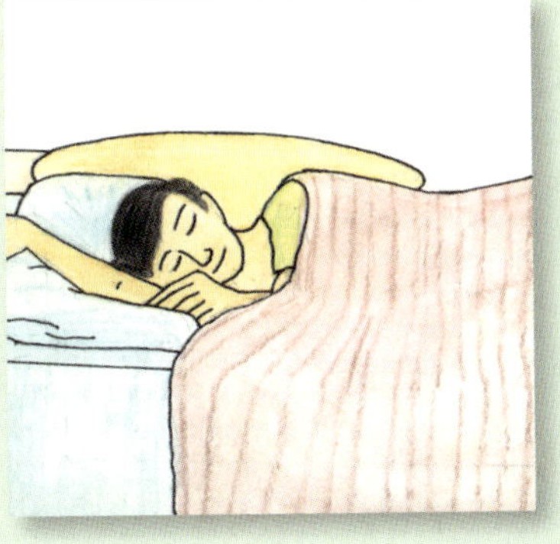

4 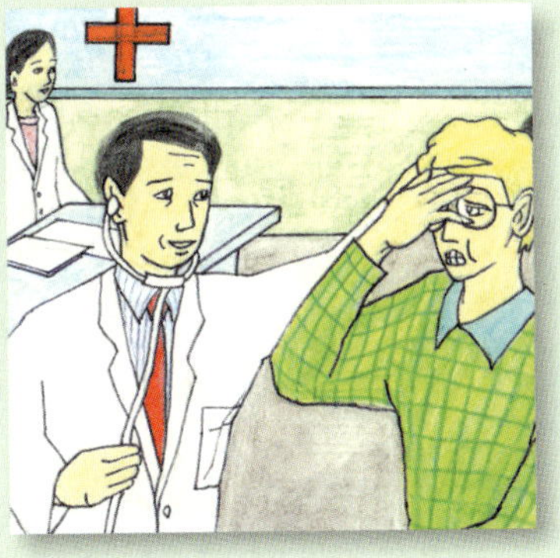

1. 요즘 여러분의 건강은 어떻습니까?

2. 건강을 위해 무엇을 하고 있습니까?

3. 건강에 좋은 음식으로 어떤 것이 있습니까?

듣고 말하기

다음 질문에 답하십시오.

1. 다음과 관계있는 것을 고르십시오.

음료	카페인	졸음	불면증	기호 식품

□ 우유 □ 커피 □ 환경 □ 운동

2. 알맞은 것끼리 연결하십시오.

시간을 ●	● 전환하다
불면증에 ●	● 내다
분위기를 ●	● 걸리다
병을 ●	● 풀다
긴장을 ●	● 예방하다

다음 글을 읽으십시오. 대화를 잘 듣고 질문에 답하십시오.

불면증을 이기는 방법

1. 잠자는 환경을 쾌적하게 만드십시오.
2. 낮잠을 자지 마십시오.
3. 항상 일정한 시간에 일어나십시오.
4. 담배나 술, 카페인이 든 음료를 피하십시오.
5. 잠자기 전에 따뜻한 물에 목욕을 하거나 따뜻한 우유 한 잔을 드십시오.
6. 규칙적으로 운동을 하십시오.
7. 잠이 올 때만 잠자리에 드십시오.
8. 누워서 10분 이내에 잠이 오지 않으면 일어나서 가벼운 책을 읽으십시오.

1. 다음 빈칸을 채우십시오.

(1) 정말 무척 ________

(2) 이번 주까지 내야 될 ________ 나왔어요.

(3) ________ 건강에 더 신경을 써야 돼요.

2. 요즘 나오코가 피곤해 하는 이유를 고르십시오.

- ☐ 보고서가 너무 많아서
- ☐ 건강이 나빠져서
- ☐ 밤에 잠을 잘 자지 못해서
- ☐ 잠 잘 시간이 없어서

3. 나오코가 불면증에 걸린 이유를 고르십시오.

- ☐ 밤에 커피를 마셔서
- ☐ 억지로 자려고 해서
- ☐ 운동을 하지 않아서
- ☐ 잠을 너무 늦게 자서

짝활동 불면증에 걸린 친구에게 충고하고 싶은 말은 무엇입니까?

	내 용	이 유
충고	밤에 커피를 마시지 않는 것이 좋아요.	잠이 잘 오지 않기 때문에

듣기 과제 1

잘 듣고 질문에 답하십시오.

1. 다음 빈칸을 채우십시오.

(1) 이럴 때는 ________ 바꿈으로써 건강한 생활을 할 수 있습니다.

(2) 책상이나 침대 같은 가구를 조금만 움직여도 큰 운동이 되고, 기분을 ________ 도움이 됩니다.

(3) 자주 밖으로 나가 가벼운 체조를 하면 ________ 긴장을 푸는 데 좋습니다.

2. 건강을 위해 할 수 있는 일을 모두 고르십시오.

- ☐ 먼 거리도 매일 걸어 다닌다.
- ☐ 가끔 가구의 위치를 바꿔 준다.
- ☐ 계절마다 보약을 먹는다.
- ☐ 자주 밖에 나가 가벼운 체조를 한다.

3. 걸어서 출퇴근할 때의 장점은 무엇입니까?

모둠 활동 건강을 유지하는 다른 방법을 친구에게 소개해 봅시다.

이 름	방 법
빌리	아침마다 20분씩 조깅을 한다.

졸리다 불면증 억지로 당장 카페인 음료 시간을 내다 전환하다 능률 체조 졸음

문 법

1 동사 지

걸보기에만 무섭지 사귀어 보면 참 재미있는 사람이에요.
처음에는 그냥 서로 인사만 하면 되지 식사까지 같이 할 필요가 있나요?
건강은 건강할 때 지켜야지 나중에 후회해도 소용이 없어요.

다음 두 문장을 연결하십시오.

1. 처음에만 어렵다 / 몇 번 해 보면 금방 익숙해지다

2. 다른 사람에게 부탁하다 / 왜 직접하다

3. 미리미리 공부해야 하다 / 시험 전날 밤을 새우면 안 되다

2 동사 고 해서

시험도 끝나고 해서 친구하고 같이 영화나 한 편 볼까 합니다.
값도 싸고 해서 볼펜을 여러 자루 샀어요.
마침 친구도 오고 해서 고향 음식을 만들어 먹었어요.
*기분도 우울하고 하니까 오늘 저녁에는 노래방에 갑시다.

다음 대화를 완성하십시오.

1. 가 : 일요일에 뭐 할 거예요?
   나 :
2. 가 : 왜 밖에 나와 있어요?
   나 :
3. 가 : 웬일로 학교에 결석했어요?
   나 :

3 (동사 (으)면) 동사 (으)ㄹ수록

밤이 깊으면 깊을수록 세상이 더 고요해집니다.

벼는 익을수록 고개를 숙인다는 말은 많이 배울수록 겸손해야 한다는 뜻이다.

시험이 다가올수록 학생들의 걱정도 커졌습니다.

다음 문장을 완성하십시오.

1. ______ 실력이 좋아집니다.
2. ______ 화가 나서 참을 수 없었다.
3. ______ 보람은 클 거예요.

4 동작동사 (으)려다가

유학을 가려다가 괜찮은 자리가 있어서 취직을 했어요.

편지를 쓰려다가 귀찮아서 이메일만 보냈습니다.

도둑이 돈을 훔치려다가 붙잡혔어요.

다음 대화를 완성하십시오.

1. 가 : 왜 영어로 이야기하고 있었어요?
   나 : ______
2. 가 : 어제 동창회에는 왜 안 왔어요?
   나 : ______
3. 가 : 직장 근처로 이사한다고 하더니 잘 했어요?
   나 : 아니요, ______

5 동작동사 (으)ㄴ/는 셈 치다

속는 셈 치고 한 번만 그 사람을 믿어 봅시다.

방이 한 개인 셈 치고 나머지 하나는 친구에게 빌려 줬어요.

선물은 받은 셈 치겠습니다.

다음 대화를 완성하십시오.

1. 가 : 친구에게 빌려 줬던 책을 못 받을 것 같아요.
   나 :
2. 가 : 어제 지하철에서 만 원을 잃어버렸어요.
   나 :
3. 가 : 꼭 한번 식사 대접을 하고 싶습니다.
   나 :

6 하도 동사 아/어서

집 주변이 하도 시끄러워서 밤에 잠을 못 자겠어요.

김 선생님은 하도 발이 넓어서 모르는 사람이 없습니다.

우리 아이는 하도 고집이 세서 아무도 말릴 수가 없어요.

*하도 전화가 많이 와서 코드를 빼 버렸어요.

7 명사 에 의하면

작년에 나온 보고서에 의하면 물가 상승률이 예년에 비해 낮아졌다고 합니다.

선생님 말씀에 의하면 이번 시험은 좀 어려울 거라고 합니다.

담당 의사의 말에 의하면 한 달 정도 약을 복용해야 한다고 합니다.

8 동사 (으)ㄹ지라도

아무리 어렵게 살지라도 다른 사람에게 폐를 끼치고 싶지는 않아요.

그 사람이 잘못을 했을지라도 용서해 주고 싶습니다.

머리가 좋은 사람일지라도 노력하지 않으면 성공할 수 없다.

9 동사 (으)면 동사 (으)ㄴ/는 법이다

좋은 물건을 보면 욕심이 생기는 법입니다.
부지런히 일하면 언젠가는 인정받게 되는 법이다.
인연이 있으면 다시 만나게 되는 법이다.

듣기 과제 2

다음 질문에 답하십시오.

1. 다음과 관계있는 것을 고르십시오.

병원	충치	사랑니	치통	치료

☐ 내과 ☐ 치과 ☐ 안과 ☐ 외과

2. 바르게 연결하십시오.

도저히	참고 이겨내다
견디다	병원에서 위급한 환자를 치료하는 곳
진통제	옛날부터 전해오는 병의 치료 방법
응급실	통증을 없애기 위해 먹는 약
민간요법	아무리 해도 전혀

잘 듣고 질문에 답하십시오.

1. 다음 빈칸을 채우십시오.

(1) 낮부터 조금씩 이가 아팠는데, 지금은 도저히 ______

(2) 그런데 별로 효과가 없고 ______ 통증이 심해지는 것 같아요.

(3) 제가 곧 기숙사로 ______

2. 나오코는 지금 어디가 아픕니까?

☐ 배 ☐ 머리 ☐ 이 ☐ 목

3. 나오코는 앞으로 어떻게 하겠습니까?

- [ ] 약국에 약을 사러 갈 것이다.
- [ ] 민정이와 함께 응급실에 갈 것이다.
- [ ] 진통제를 먹을 것이다.
- [ ] 민정이의 집으로 갈 것이다.

모둠 활동 다음에 대해 친구들과 이야기해 봅시다.

병 명	증 세	응급 처방
감기	기침과 열이 난다.	- 따뜻한 물을 자주 마신다. - 비타민이 풍부한 과일을 먹는다.
충치	이가 쑤시고 아프다.	
신경통	무릎과 어깨가 쑤신다.	
화상	빨갛게 붓고 물집이 생긴다.	
알레르기	피부가 붓고 가렵다.	

도저히 견디다 진통제 응급실 건강보험증 데리다 민간요법

읽고 말하기

다음 글을 읽고 질문에 답하십시오.

건강을 지키는 목욕

여러분은 대중목욕탕에 가 본 적이 있습니까? 대중목욕탕에는 가정집 욕실에는 없는 여러 가지 시설이 많아서 잘 이용하면 건강에 도움이 됩니다. 대중목욕탕이 가지고 있는 최대의 장점은 사우나 시설이 있다는 것입니다. 사우나는 90℃ 정도의 수증기가 나와 빨리 땀이 나게 하므로, 몸에 쌓여 있는 노폐물을 없애는 데 효과가 뛰어납니다.

또 대중목욕탕에는 열탕과 온탕, 냉탕이 함께 있어서 온도에 따른 건강 목욕을 할 수도 있습니다. 건강 목욕법에서 가장 중요한 것은 목욕물의 온도입니다. 체온보다 약간 높은 43℃ 내외의 열탕에서 목욕을 하는 것은 감기 환자나 만성 피로에 시달리는 사람에게 좋습니다. 36~39℃ 정도의 온탕에서 목욕을 하면 마음이 진정되어 스트레스나 불면증에 시달리는 사람에게 효과가 있습니다. 또 고혈압이나 심장병이 있는 사람에게도 좋은 목욕법입니다. 열탕과 10℃ 정도의 냉탕에 교대로 몸을 담그는 방법은 혈액 순환을 도와서 피부를 건강하게 지켜 주고, 관절염이나 신경통에도 효과적입니다.

대중목욕탕의 장점은 건강에 도움을 주는 것뿐만이 아닙니다. 대중목욕탕에서 친구들과 서로 등을 밀어 주다 보면 더욱 친해지게 됩니다. 사소한 일로 친구와 싸웠다면 같이 목욕탕에 가 보십시오. 금방 화해하게 되고 전보다 더 친해지게 될 겁니다.

1. 대중목욕탕의 장점이 <u>아닌</u> 것을 고르십시오.

- ☐ 사우나 시설을 이용할 수 있는 점
- ☐ 온도에 따른 건강 목욕을 할 수 있는 점
- ☐ 고혈압이나 심장병을 낫게 하는 점
- ☐ 친구들과 더욱 친해질 수 있는 점

2. 건강 목욕에서 가장 중요한 것을 고르십시오.

- ☐ 사우나 시설
- ☐ 목욕물의 온도
- ☐ 욕탕의 크기
- ☐ 목욕 시간

3. 여러분에게 맞는 건강 목욕법은 무엇입니까?

모둠 활동 여러분 나라의 특별한 문화에 대해 친구들과 이야기해 봅시다.

나라 이름	특별한 문화
한 국	대중목욕탕에 가서 때를 민다.

대중목욕탕 가정집 욕실 시설 최대 사우나 수증기 노폐물 열탕 온탕
냉탕 체온 만성 피로 시달리다 진정되다 고혈압 심장병 교대로 담그다
혈액 순환 관절염 신경통 등을 밀다 사소하다 화해하다

다음 글을 읽고 질문에 답하십시오.

올바른 스트레스 해소법

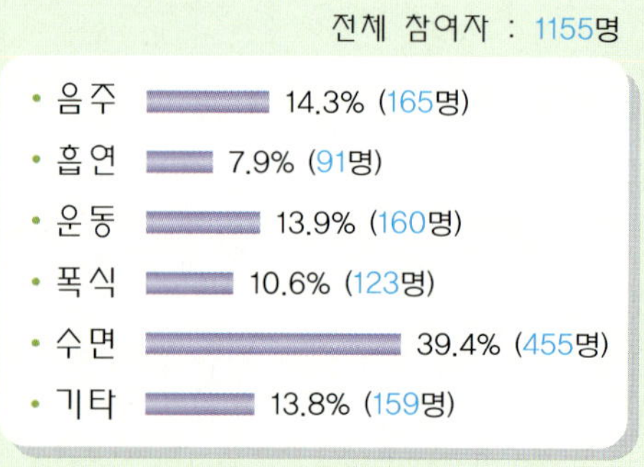

현대 사회와 같이 빠르게 변화하는 환경에서는 스트레스를 피할 수 없다. 스트레스가 쌓이는 원인을 없앨 수 있다면 좋겠지만, 스트레스를 받지 않고 생활한다는 것은 불가능에 가깝다.

그러므로 스트레스의 원인을 찾는 것보다 스트레스 해소 방법을 찾는 것이 더 중요한 문제가 되기도 한다. 최근 스트레스를 어떻게 푸는가 하는 조사에 의하면 음주, 흡연, 폭식의 방법으로 스트레스를 푼다는 대답이 무려 32.8%에 달했다. 음주와 흡연, 폭식은 건강에 해로울 뿐만 아니라 그것이 다시 스트레스의 원인이 되므로 피해야 할 방법이다.

건강에 해롭지 않으면서도 효과적인 스트레스 해소법에는 운동과 명상, 춤, 노래 등이 있다. 좀 더 적극적인 방법은 스트레스를 주는 원인에 대해 사람들과 신나게 수다를 떠는 것이다. 스트레스 받는 일을 가슴에만 담아 두면 우울증이 되기 쉽다. 나쁜 일일지라도 드러내 놓고 이야기하다 보면 상황을 좀 더 객관적으로 바라볼 여유가 생기고, 스트레스를 이겨낼 좋은 방법이 떠오르게 되는 법이다.

1. 스트레스의 원인보다 해소 방법을 찾는 것이 더 중요한 이유를 고르십시오.

- ☐ 스트레스의 원인을 찾는 것이 쉽기 때문에
- ☐ 해소 방법을 찾는 게 스트레스를 받지 않기 때문에
- ☐ 스트레스를 받지 않고 살기가 어렵기 때문에
- ☐ 스트레스를 받으면 우울증에 걸리기 때문에

2. 올바르지 않은 스트레스 해소법을 모두 고르십시오.

☐ 음주 ☐ 흡연 ☐ 운동 ☐ 폭식 ☐ 수다

3. 윗글에서 제시하고 있는 좋은 스트레스 해소법은 무엇입니까?

모둠 활동 친구들과 의논하여 가장 좋은 스트레스 해소 방법을 찾아 봅시다.

이 름	스트레스를 받는 경우	스트레스 해소 방법
나오코	시험 결과가 나쁠 때	친구들과 노래방에 간다.

가장 좋은 스트레스 해소법 :

현대 사회 불가능 음주 흡연 폭식 무려 달하다 해롭다 명상 적극적
수다를 떨다 담다 우울증 드러내다 상황 객관적 이겨내다 떠오르다

쓰 기

다음 주장하는 글을 읽고 내용을 200자 이내로 요약하십시오.

올바른 삶이란

인간은 오랫동안 삶의 의미에 대해 물음을 던지고 그 답을 찾기 위해 노력해 왔다. 인간은 무엇인가, 인생의 목적은 무엇인가, 어떻게 살아야 하는가 등. 이러한 물음을 통해 인간은 자신의 한계에 절망하기도 하고, 그것을 극복하여 희망과 기쁨을 찾기도 하였다. 이 글에서는 끊임없이 새롭고 즐거운 것을 추구하는 태도의 문제점을 살펴보고, 이를 극복할 방안에 대해 생각해 볼 것이다.

즐거움을 추구하는 태도는 인간의 자연스러운 본능이다. 인간은 이러한 본능 덕분에 뛰어난 기술과 문화를 발전시킬 수 있었다. 그러나 즐거움만을 추구하는 것은 바람직한 삶의 태도라 말하기 어렵다. 즐거움에 대한 욕망은 끝이 없기 때문에 영원히 만족될 수 없다. 한 가지 예를 들어 보자. 날마다 만원 버스에 시달리며 출퇴근하는 어떤 사람이 있었다. 이 사람은 작은 중고차라도 갖는 게 꿈이어서 몇 년간 돈을 저축해 드디어 중고차 한 대를 샀다. 차가 생기자 세상을 다 얻은 듯 좋아하던 이 사람은 얼마 지나지 않아 더 좋은 새 차를 사야겠다고 결심했다. 작고 낡은 중고차는 더 이상 즐거움을 주지 못하기 때문이다. 이처럼 사람은 누구나 하나의 즐거움이 충족되면 또 다른 즐거움을 찾게 된다. 그런데 이 때 인생의 장기적인 목표와 의의를 자주 잊어버리게 되는 것이 문제이다.

이와 같이 즐거움만을 추구하는 태도는 자칫 인생에서 정말로 중요한 것들을 놓치게 만들 수 있다. 사람은 개인일 뿐만 아니라 사회의 구성원이기도 하다. 그러므로 자신의 삶이 이웃과 사회의 발전에 도움이 되고 있는지 반드시 생각해 보아야 한다. 즉, 자기 인생의 장기적인 목표를 세우고 그것을 사회의 요구와 적절히 조화시키는 태도가 필요하다.

주제 :

한국의 전통 무예

태권도는 2000년 전부터 시작된 한국 고유의 전통 무술이다. 태권도는 고구려에서 시작되었으며 삼국 시대와 통일신라, 고려, 조선 시대를 거쳐 발전해 왔다.

태권도는 1986년 제10회 서울 아시안게임에서 처음 정식 종목으로 채택되었다. 그리고 1988년 제24회 서울 올림픽에서는 시범 종목으로 선정되었고, 2000년 제27회 시드니 올림픽에서는 정식 종목으로 채택되었다.

태권도의 기술은 기본 동작, 품세, 겨루기, 격파, 호신술로 나눌 수 있다. 기본 동작은 손과 발을 이용한 기술로, 주먹과 손을 이용한 막기 · 지르기 · 찌르기 · 치기와 발을 이용한 차기가 있다. 품세는 상대를 가상하여 혼자 훈련하는 것이다. 품세를 열심히 연습해야 비로소 겨루기를 할 수 있다. 겨루기는 품세를 통해 익힌 기술을 응용하여 실제로 상대와 대결하는 기술이다. 또한 격파는 손과 발 등으로 각종 보조 기구를 이용하여 파괴력을 기르는 것이다. 호신술은 이와 같은 여러 가지 태권도 기술을 종합하여 응용한 것으로, 실제로 상대가 접근했을 때 상대의 공격을 제압하고 역공격을 하는 기술을 말한다.

태권도의 도복은 위아래 모두 흰색이며, 수준에 따라 허리에 매는 띠의 색깔을 구분하고 있다. 무급은 흰색, 10~9급은 노란색, 8~7급은 초록색, 6~5급은 파란색, 4~3급은 자주색, 2~1급은 빨간색, 유단자 이상은 검은색이다.

듣기 지문

듣고 말하기 p. 78

민 정 : 나오코 씨, 요즘 왜 그렇게 안색이 안 좋아요?

나오코 : 저도 모르겠어요. 낮에는 계속 졸리고, 밤에는 잠이 오지 않아요.

민 정 : 정말 무척 피곤해 보이네요. 집에서 쉬**지** 왜 도서관에 나와 있어요?

나오코 : 이번 주까지 내야 될 보고서도 있**고 해서** 나왔어요.

민 정 : 잠을 못 잔 데다가 보고서까지 쓰려면 힘들겠네요. 저도 전에 불면증에 걸려서 고생한 적이 있거든요.

나오코 : 그래요? 어떻게 고쳤어요?

민 정 : 잠깐만요. 제 수첩에 불면증을 이기는 방법을 적어 놓은 것이 있어요.
이걸 좀 읽어 봐요.

나오코 : 아, 잠이 안 오는데 억지로 자려고 하는 게 내 문제인 것 같아요.

민 정 : 자기 전에 운동을 좀 하면 잠이 잘 올 거예요.

나오코 : 저도 그러고 싶지만 대학원 수업 때문에 운동할 시간이 별로 없어요.

민 정 : 바**쁠수록** 건강에 더 신경을 써야 돼요. 건강만큼 소중한 게 어디 있겠어요?

나오코 : 맞아요. 오늘부터 당장 운동을 시작해야겠네요.

듣기 과제 1 p. 79

건강하게 살기 위한 가장 좋은 방법이 운동이라는 것은 여러분도 잘 알고 있을 겁니다. 하지만 바쁘게 생활하다 보면, 운동할 시간을 내기가 쉽지 않습니다. 이럴 때는 생활 습관을 바꿈으로써 건강한 생활을 할 수 있습니다.

먼저 가까운 거리는 운동하**는 셈 치고** 걸어 다니십시오. 회사가 멀어서 걸어갈 수 없다면 승용차보다 대중 교통을 이용하는 것이 좋습니다. 걸어서 출퇴근을 하면 항상 같은 시간 동안 같은 양의 운동을 하게 되므로, 운동의 효과를 직접 느낄 수 있습니다.

가끔 집이나 사무실의 가구 위치를 바꿔 보는 것도 좋습니다. 책상이나 침대 같은 가구를 조금만 움직여도 큰 운동이 되고, 기분을 전환하는 데도 도움이 됩니다.

사무실에서 일을 할 때도 계속 책상 앞에만 앉아 있으면 오히려 일의 능률이 떨어집니다. 자주 밖으로 나가 가벼운 체조를 하면 졸음을 예방하고 긴장을 푸는 데 좋습니다.

듣기 과제 2 p. 84

나오코 : 여보세요? 민정 씨, 저 나오코인데요.

민　정 : 어머, 나오코 씨. 밤늦게 웬일이에요?

나오코 : 낮부터 조금씩 이가 아팠는데, 지금은 도저히 못 견디겠어요.

민　정 : 저런, 진통제는 먹었어요?

나오코 : 네, 그냥 참으**려다가 하도 아파서** 두 시간 전에 먹었어요. 그런데 별로 효과가 없고 오히려 점점 더 통증이 심해지는 것 같아요.

민　정 : 그러면 빨리 병원에 가야겠네요.

나오코 : 지금은 병원 문을 닫지 않았을까요?

민　정 : 개인 병원은 문을 닫았겠지만 종합 병원 응급실은 열었을 거예요. 건강보험증은 가지고 있지요?

나오코 : 제 책상 서랍에 있을 거예요. 지금 찾아볼게요.

민　정 : 제가 곧 기숙사로 데리러 갈게요. 거기서 그냥 기다리세요.

제 6 과 환경

도입

다음 그림을 보고 이야기해 봅시다.

1

2

3

4

1. 여러분이 살고 있는 환경은 어떻습니까?

2. 환경 문제에는 어떤 것이 있습니까?

3. 환경 문제가 생기는 원인은 무엇이라고 생각합니까?

듣고 말하기

잘 듣고 질문에 답하십시오.

1. 다음과 관계있는 것을 고르십시오.

일회용품	쓰레기	공장 매연	유조선 침몰	농약

☐ 환경오염 ☐ 소음 공해 ☐ 경제개발 ☐ 환경 개발

2. 비슷한 것끼리 연결하십시오.

침몰하다	(돈을)내다
오염되다	없애다
유출되다	더러워지다
제거하다	가라앉다
지불하다	흘러나오다

다음 대화를 잘 듣고 질문에 답하십시오.

1. 다음 빈칸을 채우십시오.

(1) 다행히 선원들은 모두 ______

(2) 보나 마나 바다가 심하게 ______

(3) 기름띠 때문에 물고기가 ______

2. 민정이가 들은 뉴스의 내용이 아닌 것을 고르십시오.

- ☐ 유조선이 침몰하였다.
- ☐ 선원들이 많이 죽었다.
- ☐ 바다가 심하게 오염되었다.
- ☐ 물고기가 많이 죽었다.

3. 사고를 처리하기 위해 어떤 일을 할 예정입니까?

모둠 활동 다음 문제를 해결하기 위해서는 어떻게 해야 할지 의논해 봅시다.

문제	원인	해결 방법
대기 오염	- 자동차 배기가스	- 대중교통을 이용한다.
수질 오염		
토양 오염		

듣기 과제 1

잘 듣고 질문에 답하십시오.

1. 다음 빈칸을 채우십시오.

(1) 쓰레기 종량제란 버리는 ______ 비용을 지불하는 제도입니다.

(2) 그러니까 돈을 ______ 쓰레기 양을 줄일 수밖에 없겠지요.

(3) 그 결과, 버리는 쓰레기의 양은 41%가 줄었고, 반대로 ______ 쓰레기는 74%가 늘었습니다.

2. 들은 내용과 다른 것을 고르십시오.

- ☐ 쓰레기 종량제는 쓰레기 양을 늘리기 위한 제도이다.
- ☐ 쓰레기를 버릴 때는 정해진 봉투에 담아 버려야 한다.
- ☐ 쓰레기 봉투는 돈을 주고 사야 한다.
- ☐ 한국에서는 쓰레기 종량제를 1995년부터 실시했다.

3. 쓰레기 종량제의 효과는 무엇입니까?

짝활동 쓰레기를 줄이는 방법에 대해 이야기해 봅시다.

음식 쓰레기	- 음식은 먹을 만큼만 만든다.
일반 쓰레기	- 물건을 구입할 때 되도록 포장이 간단한 것을 산다.
빈 병과 폐휴지	- 복사나 인쇄를 할 때 이면지를 활용한다.

남해안 유조선 침몰하다 가라앉다 다행히 선원 구조되다 유출되다 오염되다 기름띠 떼죽음 당하다 제거하다 끌어올리다 쓰레기 종량제 비용 지불하다 제도 실시하다 국민 줄이다 담다 절약하다 재활용 측면 환경 보호

문 법

1 동사 다(냐, 라, 자)는 말이다

가 : 저는 세 살 때 한글을 배웠어요.
나 : 그렇게 일찍 한글을 배웠다는 말이에요?

가 : 내일 저녁에 저랑 같이 음악회에 가요.
나 : 모레 시험이 있는데 음악회에 가잔 말이에요?

다음 대화를 완성하십시오.

1. 가 : 저는 피곤하면 잠꼬대를 해요.
   나 :
2. 가 : 비가 와도 예정대로 행사를 진행합니다.
   나 :
3. 가 : 해마다 10% 가량의 나무가 사라지고 있대요.
   나 :

2 동작동사 (으)나 마나

이 단어는 찾아보나 마나 사전에 없을 거야.
지금은 가 보나 마나 문을 닫았을 테니까 내일 가세요.
그 사람 얘기는 들으나 마나 뻔해요.

다음 대화를 완성하십시오.

1. 가 : 지금 교수님 연구실로 전화해 볼까요?
   나 : 점심 시간이라서
2. 가 : 그 친구는 산을 싫어하니까
   나 : 그래도 한번 물어보지 그래요?
3. 가 : 아까 어떤 분이 전화했었는데, 이름을 까먹었어요.
   나 : 괜찮아요.

3 동사 (으)ㄹ까 봐(서)

고향에 돌아가면 다시 못 볼까 봐서 걱정이에요.
음식이 상할까 봐 냉장고에 넣어 두었어요.
나만 빼놓고 먼저 갔을까 봐 마음 졸였어요.

알맞은 것끼리 연결한 후 〈보기〉와 같이 한 문장으로 만드십시오.

1.	밤늦게 배가 고프다	에어컨을 켜지 않다
2.	꽃병에 있는 꽃이 시들다	시계를 맞춰 두다
3.	아기가 감기에 걸리다	말하지 못하다
4.	아침에 일어나지 못하다	물을 갈아 주다
5.	친구가 화를 내다	빵을 사다 놓다

〈보기〉 1. 밤늦게 배가 **고플까 봐** 빵을 사다 놓았어요.

2.
3.
4.
5.

4 동작동사 다가는

이렇게 천천히 걷다가는 약속 시간에 늦겠어요.
그렇게 놀기만 하다가는 졸업하기도 힘들 거야.
회사에서 사장님께 잘못 보였다가는 큰일 날 거예요.

다음 문장을 완성하십시오.

1. 이렇게 비가 계속 ________ 홍수가 날지도 몰라요.
2. 운전하면서 ________ 사고가 날 수 있어요.
3. 요즘처럼 담배를 많이 ________ 금방 건강이 나빠질 거예요.

5 동사 (으)ㄹ 수밖에 없다

상황이 달라지면 우리 계획을 수정할 수밖에 없어요.
너무 갑작스러운 일이라서 당황할 수밖에 없었습니다.
나도 그렇게 먼 곳까지 가고 싶지 않지만 갈 수밖에 없어.

6 따위

방 안에 책과 옷 따위가 어지럽게 놓여 있다.
연말이 되면 달력이나 수첩 따위가 잘 팔립니다.
외국에 갈 때는 늘 김치와 고추장 따위를 준비해요.

7 동작동사 는 통에

아이들이 떠드는 통에 뭐라고 하는지 못 들었어요.
전쟁이 나는 통에 가족과 헤어진 사람들이 있다.
아기가 우는 통에 잠을 제대로 못 잤어요.

8 이중부정

어찌나 말을 잘 하는지 그 물건을 사지 않을 수가 없었어요.
자연을 보호하지 않으면 안 된다.
급한 일이 생겨서 지금 가지 않으면 안 돼요.

9 명사 (이)나마

약을 먹고 푹 잤더니 그나마 감기가 좀 나았어요.
올 연말에는 고마운 분들께 작은 선물이나마 해야겠어요.
* 부족하나마 제가 도울 수 있는 일이 있으면 언제든 도와 드리겠습니다.

듣기 과제 2

다음 질문에 답하십시오.

1. 다음과 관계있는 것을 고르십시오.

승용차	자동차 번호	주차난	교통 혼잡	운행 제한

☐ 마을버스 ☐ 차량 10부제 ☐ 대중교통 ☐ 자동차세

2. 바르게 연결하십시오.

워낙	액체나 공기가 맑지 않고 흐리다
느긋하다	그런 데다가, 그 위에, 또 더하여
게다가	두드러지게 아주, 원래
탁하다	급하지 않고 마음이 넉넉하다

잘 듣고 질문에 답하십시오.

1. 다음 빈칸을 채우십시오.

(1) 응, 요즘은 특별히 ________ 주로 지하철 타고 다녀.

(2) 출퇴근 시간에는 ________ 불편하긴 한데, 생각보다 좋은 점도 많아.

(3) 하긴 ________ 좀 탁하기는 해요.

2. 서울의 공기가 안 좋은 원인은 무엇입니까?

3. 대중교통을 이용할 때 좋은 점이 아닌 것을 고르십시오.

☐ 길이 막힐까 봐 걱정하지 않아도 된다.
☐ 출근 시간에는 조금 서둘러야 한다.
☐ 자동차 기름 값을 아낄 수 있다.
☐ 공기를 맑게 하는 데 도움이 된다.

모둠 활동 휘발유 값을 인상해서 차량 사용을 억제해야 한다는 의견에 대해 여러분은 어떻게 생각합니까?

두 명씩 찬성과 반대로 나누어 이야기할 수 있도록 지도해 주십시오.

의 견	이 유
찬성	
반대	

점 절약하다 하긴 공기 워낙 주차장 여러모로

읽고 말하기

다음 글을 읽고 질문에 답하십시오.

작은 불편이 환경을 살린다

과학 기술의 발전이 우리 삶을 편리하게 해 준 것은 사실이다. 예를 들어 자동차가 없던 시절에 사람들은 누구나 먼 거리를 걸어다녀야 했다. 하지만 자동차가 발명된 이후에는 그러한 불편이 사라졌다. 또 편의점이나 패스트푸드점에 가면 언제든지 끼니를 간단히 해결할 수 있다. 시간이나 노력은 물론 쓰레기 처리를 어떻게 해야 할지 걱정할 필요도 없다. 그야말로 '일석이조'라 할 만하다.

그러나 중요한 사실은 우리의 생활이 편리해질수록 환경오염도 심각해진다는 점이다. 실제로 자동차의 배기가스는 대기 오염의 주요한 원인 중 하나이다. 또 우리가 아무 생각 없이 쓰고 버리는 일회용품이나 비닐 등은 오랜 시간이 지나도 썩지 않기 때문에 땅을 병들게 한다. 먹다 남아서 그냥 버리는 국물, 음료 따위도 물을 오염시키는 원인이 된다.

그렇다면 환경오염을 줄이기 위해서는 어떻게 해야 할까. 우선 자신이 할 수 있는 작은 일부터 찾아서 실천하는 자세가 중요하다. 대중교통 이용하기, 승용차 10부제 참여하기, 일회용품 안 쓰기, 음식물 안 남기기 등 할 수 있는 일은 많다. 물론 우리가 불편함을 참을 수 있다면 말이다. 환경을 지키는 일은 결코 우리 세대만을 위한 일이 아니다. 그것은 우리의 후손과 지구의 미래를 위한 것으로서 마땅히 해야 할 의무이며 책임이다.

1. 과학 기술의 발전이 가져다 준 편리함의 예로 적당하지 <u>않은</u> 것을 고르십시오.

☐ 자동차 ☐ 즉석 식품 ☐ 교통 체증 ☐ 편의점

2. '일석이조'의 뜻은 무엇입니까?

3. 환경 오염을 줄이기 위한 방법이 아닌 것을 고르십시오.

- ☐ 대중교통 이용하기
- ☐ 일회용품 사용하기
- ☐ 음식물 쓰레기 줄이기
- ☐ 승용차 10부제 참여하기

짝활동 여러분은 환경 문제를 해결하기 위해 얼마나 노력하고 있습니까? 다음 사항을 친구에게 질문해 봅시다.

질문 사항	항상 (3점)	자주 (2점)	가끔 (1점)	전혀 (0점)
1. 환경 문제에 대해 생각한다.				
2. 종이컵 대신 개인용 컵을 쓴다.				
3. 샴푸 대신 비누로 머리를 감는다.				
4. 이를 닦을 때 컵에 물을 받아 사용한다.				
5. 가까운 거리는 걸어 다닌다.				
6. 이면지를 모아 재활용한다.				
7. 세수하고 난 물에 빨래를 한다.				
8. 시장에 갈 때 장바구니나 쇼핑백을 가지고 간다.				
9. 재활용 쓰레기는 분리해서 버린다.				
10. 여름에도 에어컨 대신 선풍기를 튼다.				
계				

옆 친구는 몇 점을 받았습니까? 다음 내용을 보고 옆 친구가 어떤 유형의 사람인지 알려 주십시오. 그리고 여러분 자신의 점수와 비교해서 함께 이야기해 봅시다.

1 내가 먼저 형

20점 이상, 이러한 유형의 사람은 생활의 편리함보다 환경 보호를 더 중요하게 생각합니다. 그래서 늘 생활 속에서 자신이 실천할 수 있는 일들을 찾고자 노력합니다. 이런 사람들이 많을수록 지구가 더 깨끗하고 아름다워지겠지요.

2

나만 빼고 형

9점 이상 19점 이하, 이러한 유형의 사람은 환경 문제가 심각하다는 사실을 알고는 있지만 실천하기 귀찮아 하는 스타일입니다. 환경 문제는 많이 알고 있다고 해서 해결되는 것이 아닙니다. 그러니까 조금 귀찮더라도 실천하는 자세를 가져야 합니다.

3

나 몰라라 형

8점 이하, 이러한 유형의 사람은 지구가 어떻게 되든 자신과 별로 상관없다고 생각하는 사람입니다. 환경 문제로 인한 재앙이 먼 미래의 일이라고 생각하기 때문이지요. 하지만 그것은 아무도 예측할 수 없습니다. 그러니까 오늘부터라도 환경에 대해 좀더 관심을 갖기 바랍니다.

과학 기술　발전　발명　편의점　끼니　일석이조　배기　대기　주요한　일회용품
비닐　썩다　병들다　실천하다　자세　승용차 10부제　세대　후손　지구　마땅히
의무　책임　노력하다　개인용　감다　이면지　활용하다　장바구니　분리하다
재앙

다음 글을 읽고 질문에 답하십시오.

환경과 에너지

인간이 살기 위해 필수적인 것 가운데 하나는 에너지이다. 즉, 인간은 하루하루 에너지를 소비하며 살고 있다고 해도 과언이 아니다. 에너지는 일차적으로 물, 바람, 석탄, 석유 등에서 얻을 수 있다. 에너지가 없다면 전기를 사용할 수 없는 것은 물론 교통 수단, 공장 등도 움직일 수 없다. 그래서 산업이 발달하면 할수록 에너지 소비량은 증가하게 된다.

하지만 에너지원은 결코 무한히 존재하지 않는다. 일례로 나무와 석탄, 석유 등은 앞으로 채 백 년도 안 돼 바닥날지도 모르는 상황이다. 이는 인간이 자연에 대한 개발만을 고집하는 통에 생긴 결과이다. 더 중요한 문제는 자원의 사용이 환경 오염을 일으킨다는 점이다. 지금의 속도대로 계속 자연을 파괴한다면 인류는 머지않아 에너지 고갈과 환경 파괴라는 심각한 문제에 직면할 것이다.

어떤 사람들은 과학 기술의 발전으로 에너지 문제와 환경 문제를 동시에 해결할 수 있다고 주장하기도 한다. 원자력과 같은 대체 에너지의 개발만 보면 이러한 주장이 전혀 터무니없는 것은 아니다. 그러나 분명한 것은 새로운 기술이 또 다른 문제를 일으킬 가능성이 크다는 점이다. 따라서, 에너지 문제를 해결하기 위해서는 전체 에너지의 소비를 줄이지 않으면 안 된다.

앞에서 지적한 것처럼, 인간은 에너지 없이는 단 하루도 살 수 없다. 하지만 우리가 생존에 필요한 양 이상으로 지나치게 많은 에너지를 소비하고 있는 것도 사실이다. 이 점을 반성했을 때 그나마 환경 파괴를 최소화할 수 있는 길이 열릴 것이다.

1. 에너지가 없을 때 어떤 일이 생길까요?

2. 에너지 소비 및 개발의 문제점과 관계없는 것을 고르십시오.
   - ☐ 나무, 석탄, 석유 등이 바닥날 가능성이 있다.
   - ☐ 환경 파괴가 점점 더 심해질 것이다.
   - ☐ 과학 기술을 계속 발전시킬 수 있다.
   - ☐ 전체 에너지 소비량이 증가할 것이다.

3. 대체 에너지 개발로 에너지와 환경 문제를 해결할 수 없는 이유는 무엇입니까?

모둠 활동 가정에서 에너지 소비를 줄일 수 있는 방법에 대해 이야기해 봅시다.

에너지	방 법
전기	- 빈방에 불을 켜 두지 않는다.
수돗물	
기름	

필수 에너지 과언 석탄 석유 바닥나다 개발 파괴하다 고갈 직면하다 대체 터무니없다 최소화

쓰 기

다음 문제의 원인과 결과에 대해 이야기한 후, 〈보기〉의 어휘와 개요를 참고하여 글을 완성하십시오.

1. 지구 온난화

2. 생태계 파괴

3. 자원 고갈

〈보기〉				
	이산화탄소	오존층 파괴	온실효과	삼림 훼손
	멸종 위기	먹이사슬 파괴	천연 자원	개발 정책

구 성	내 용
서론	환경 문제는 더 이상 미룰 수 없는 과제이다.
본론	1. 지구 온난화: 환경이 급격히 변하고 있다. 2. 생태계 파괴: 지구상에서 사라지는 생물이 늘고 있다. 3. 자원 고갈: 석유, 석탄 등의 자원이 바닥나고 있다.
결론	죽어 가는 환경을 살리기 위해서는 개발보다 보존에 힘써야 한다.

동물과 관련된 속담

다른 나라와 마찬가지로 한국 속담에도 동물이 등장하는 경우가 많다. 먼저 '개구리 올챙이 적 생각 못한다'는 속담은 성공한 후에 자신의 어려웠던 과거를 기억하지 못한다는 의미이다. 그래서 돈을 많이 번 어떤 사람이 주위의 가난한 사람들을 비웃는다거나 하면 그 사람에게 이 속담을 쓸 수 있다.

'고래 싸움에 새우등 터진다'는 힘센 사람들의 갈등이나 싸움 때문에 힘없는 사람이 억울하게 피해를 입을 때 쓰는 말이다. 강대국끼리 전쟁을 하는데 그 일과 아무 관계도 없는 주변 국가들이 피해를 입는 것을 예로 들 수 있다. '서당개 삼 년이면 풍월을 읊는다'는 어떤 분야의 일이나 학문을 열심히 공부한 적이 없어도 오랫동안 그 이야기를 듣다 보면 자기도 모르는 사이에 지식을 갖게 된다는 뜻이다. 그러니까 학교에 오래 다니다 보면 공부를 열심히 하지 않아도 조금씩 배우는 게 생기는 법이다.

한편, '고양이 목에 방울 달기'는 현실화하기 힘든 일을 가지고 쓸데없이 의논만 늘어 놓는 경우를 가리킨다. 특히 어떤 문제를 해결할 수 있는 방법은 알지만 그것을 실천하기가 거의 불가능할 때 이 속담을 쓴다. '닭 잡아먹고 오리발 내민다'는 주로 잘못을 저지른 사람이 자신은 전혀 그런 적 없다며 시치미를 떼거나 거짓말을 할 때 쓴다.

듣기 지문

듣고 말하기 p. 96

민 정 : 나오코 씨, 어제 뉴스 봤어요?
나오코 : 아니요, 못 봤는데 무슨 특별한 뉴스라도 있었어요?
민 정 : 어제 남해안에서 대형 유조선이 침몰했대요.
나오코 : 어머, 배가 가라앉았**단 말이에요**? 다친 사람은 없대요?
민 정 : 다행히 선원들은 모두 구조됐대요. 하지만 기름이 계속 유출되고 있어서 문제래요.
나오코 : 정말 큰일이네요. 보**나 마나** 바다가 심하게 오염됐을 텐데요.
민 정 : 맞아요. 기름띠 때문에 물고기가 떼죽음을 당했대요.
나오코 : 이제 어떻게 한대요?
민 정 : 기름띠를 제거하고 배도 끌어올려야 된대요.
나오코 : 오염된 바다가 하루 빨리 깨끗해졌으면 좋겠어요.

듣기 과제 1 p. 97

여러분은 쓰레기 종량제에 대해 알고 있습니까? 쓰레기 종량제란 버리는 쓰레기의 양에 따라 비용을 지불하는 제도입니다. 이 제도를 실시하는 가장 큰 이유는 국민들 스스로 쓰레기 양을 줄이도록 하는 데 있습니다. 쓰레기를 버릴 때는 반드시 정해진 쓰레기봉투에 담아 버려야 하는데, 그 봉투는 돈을 내고 사야 합니다. 그러니까 돈을 절약하기 위해서라도 쓰레기 양을 줄**일 수밖에 없겠지요**. 한국에서는 지난 1995년부터 이 제도를 실시해 오고 있습니다. 그 결과, 버리는 쓰레기의 양은 41%가 줄었고, 반대로 재활용 가능한 쓰레기는 74%가 늘었습니다. 이러한 결과는 경제적인 측면에서나 환경 보호의 측면에서 긍정적인 것이라 할 수 있습니다.

듣기 과제 2 p. 102

나오코 : 선배님, 왜 걸어오세요? 요즘 차 안 가지고 다니세요?
한 수 : 응, 요즘은 특별히 차 쓸 일 없으면 주로 지하철 타고 다녀.
나오코 : 불편하지 않으세요?
한 수 : 출퇴근 시간에는 대개 서서 오니까 불편하긴 한데, 생각보다 좋은 점도 많아.
나오코 : 그래요? 어떤 점이 좋은데요?
한 수 : 우선 길이 막**힐까 봐** 걱정하지 않아도 되고, 아침에 집에서 좀 느긋하게 나와도 되잖아. 게다가 기름값도 절약할 수 있고. 그리고 환경을 위해서 나도 뭔가 실천하고 있는 것 같아 기분 좋기도 해.
나오코 : 하긴 서울 시내 공기가 좀 탁하기는 해요.
한 수 : 자동차가 워낙 많아서 그래. 얼마 전에 신문을 보니까 자동차를 두 대 이상 가진 집들이 많다고 하더라고. 이런 식으로 차가 늘**다가는** 머지않아 도로가 주차장이 될 지도 몰라.
나오코 : 그러니까 대중 교통을 이용하는 게 여러모로 좋을 것 같아요.

제7과 한글

도입

다음 그림을 보고 이야기해 봅시다.

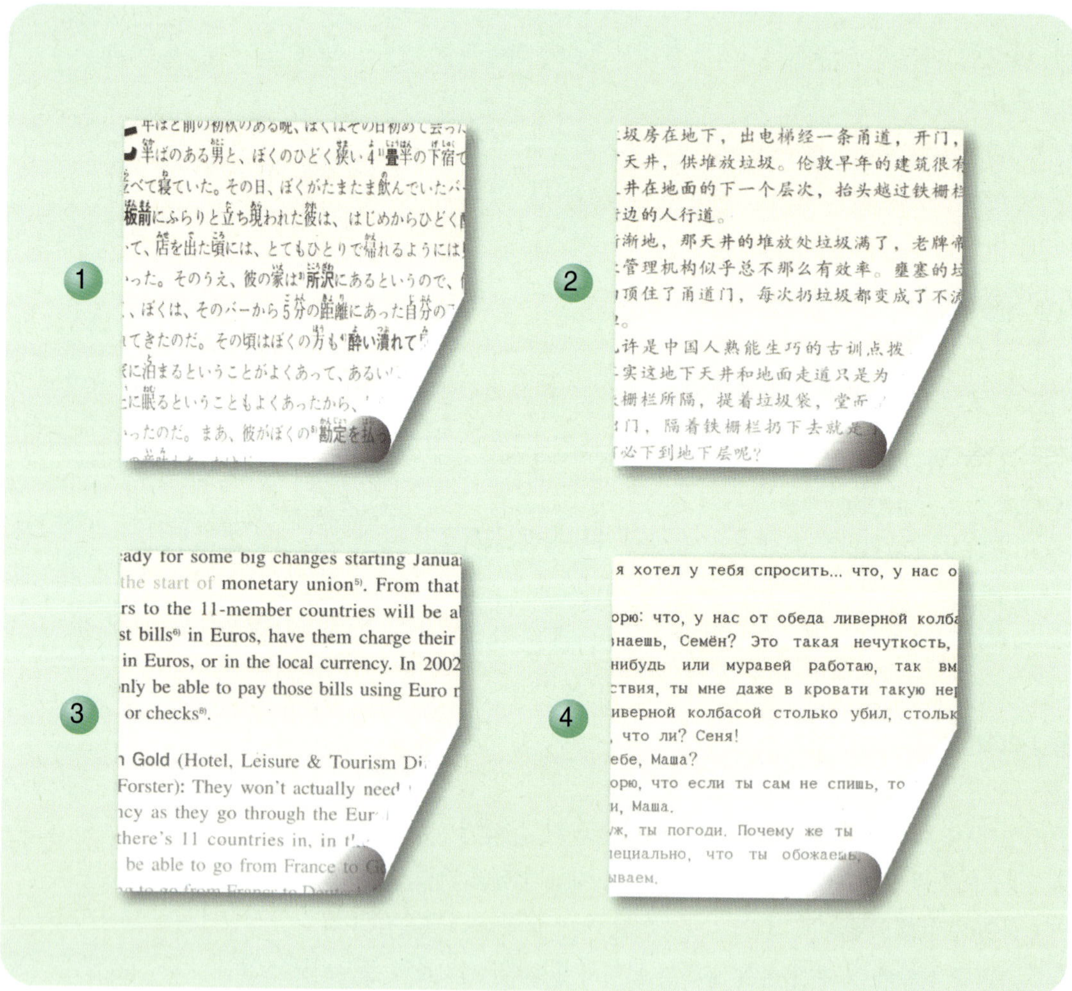

1. 여러분 나라에서 사용하는 문자의 이름은 무엇입니까?

2. "감사합니다"를 어떻게 말합니까? 여러분 나라의 글로 쓰고 읽어 보십시오.

3. 여러분 나라의 문자에는 어떤 특징이 있습니까?

듣고 말하기

잘 듣고 질문에 답하십시오.

1. 다음과 관계있는 것을 고르십시오.

한글	한자	알파벳	가나

☐ 문자　☐ 언어　☐ 외국어　☐ 영어

2. (　)안의 말과 바꾸어 쓸 수 있는 어휘를 골라 연결하십시오.

전혀	우리는 (보통 때) 공부를 열심히 해야 합니다.
오히려	그는 (한 번도) 고향을 찾아오지 않았습니다.
대부분	(예상과는 반대로) 그는 매우 성실한 사람입니다.
통	고등학생들은 (거의 모두) 밤에도 공부를 합니다.
평소에	그는 요즘 (거의) 저에게 전화를 하지 않습니다.

다음 대화를 잘 듣고 질문에 답하십시오.

1. 다음 빈칸을 채우십시오.

(1) 머리도 ＿＿＿＿＿＿ 유학 간 친구도 만날 겸 해서 일본에 갔다 왔어요.

(2) 여행은커녕 시내 구경도 ＿＿＿＿＿＿

(3) 일본 사람들은 한자를 많이 알아서 ＿＿＿＿＿＿

2. 민정이가 일본에 간 이유를 모두 고르십시오.

☐ 일본어 공부를 하려고　☐ 머리를 식히려고

☐ 친구를 만나려고　☐ 친척을 만나려고

3. 한국에서 사용하는 한자와 일본에서 사용하는 한자의 차이점을 모두 고르십시오.

- [ ] 모양이 다르다.
- [ ] 읽는 방법이 다르다.
- [ ] 의미가 다르다.
- [ ] 쓰는 순서가 다르다.

4. 나오코는 어떤 점에서 한국 사람들을 부러워합니까?

모둠 활동 처음 한글을 배웠을 때 어려웠던 점에 대해 이야기해 봅시다.

이 름	어려웠던 점
나오코	모음이 비슷하게 생겨서 기억하기 어려웠다.

듣기 과제 1

잘 듣고 질문에 답하십시오.

1. 다음 빈칸을 채우십시오.

(1) 보고서를 작성하거나 거래 상담을 할 때는 ______

(2) 한국어 실력이 오히려 ______

(3) 그건 빌리 씨가 한국 사람처럼 잘 하려고 ______ 그런 거겠지요.

2. 빌리와 나오코가 김 선생님을 찾아온 이유는 무엇입니까?

- [ ] 회사일이 너무 바빠서
- [ ] 한국어에 대해 질문하려고
- [ ] 새로 온 친구를 소개하려고
- [ ] 오늘이 김 선생님 생신이어서

3. 김 선생님이 빌리에게 빌리 씨답다고 한 이유는 무엇입니까?

- [ ] 친구를 도와주고 있기 때문에
- [ ] 한국어를 열심히 공부하고 있어서
- [ ] 한국어를 선생님처럼 잘해서
- [ ] 한국어 선생님과 얼굴이 닮아서

4. 빌리는 언제 한국어가 어렵다고 느낍니까? 모두 고르십시오.

- [ ] 친구를 만날 때
- [ ] 보고서를 작성할 때
- [ ] 거래 상담을 할 때
- [ ] 한국어를 가르칠 때

모둠 활동 여러분이 한국어가 부족하다고 느낄 때는 언제입니까?

이 름	언 제
빌리	회사에서 보고서를 쓰거나 거래 상담을 할 때

식히다 평소에 부럽다 줄어들다 속상해하다 욕심을 부리다 전혀 인사말

문 법

1 동작동사 (으)ㄹ 겸 (해서)

친구도 만날 겸, 관광도 할 겸 해서 부산에 다녀왔어요.
가방도 하나 사고 구경도 할 겸 해서 백화점에 갔었어요.
살도 뺄 겸 운동을 시작했습니다.

다음 대화를 완성하십시오.

1. 가 : 주말에 특별한 계획이 있나요?
   나 :
2. 가 : 방학인데 왜 학교에 가세요?
   나 :
3. 가 : 갑자기 종로에는 웬일이세요?
   나 :

2 명사 은/는커녕, 동사 기는커녕

가: 유학을 간다고 하더니 준비는 잘 돼요?
나: 유학은커녕 졸업도 못 할 것 같아 걱정이에요.

가: 방학 동안 돈 많이 벌었어요?
나: 돈을 벌기는커녕 여행 갔다 오느라고 있던 돈도 다 썼어요.

가: 지난번에 산 컴퓨터는 성능이 좋아요?
나: 좋기는커녕 계속 다운이 돼서 반품시켰어요.

다음 대화를 완성하십시오.

1. 가 : 주말 동안 편히 쉬셨습니까?
   나 :
2. 가 : 추석 때 고향 친구들은 많이 만났어요?
   나 :
3. 가 : 여행 준비는 다 끝내셨어요?
   나 :

3 동사 았/었더라면

가 : 민정 씨가 이걸 전해 달라고 부탁했어요.
나 : 그래요? 직접 만났더라면 좋았을 텐데.

가 : 사고가 났을 때 저는 집에 있었어요.
나 : 다행이네요. 거기에 있었더라면 아마 크게 다쳤을 거예요.

가 : 어제 동창회는 어땠어?
나 : 정말 재미있었어. 너도 왔더라면 좋았을 텐데.

다음 대화를 완성하십시오.

1. 가 : 콘서트에 왜 안 오셨어요? 정말 재미있었는데.
   나 :
2. 가 : 어제 제가 사려고 했던 구두는 없나요?
   나 :
3. 가 : 학교 앞에서 휴대폰을 싸게 팔길래 하나 샀어요.
   나 :

4 동사 (으)ㄴ/는 모양이다

지금 여기로 오고 있는 모양입니다.
건강은 많이 회복된 모양이에요.
올 여름에는 좀 한가할 모양입니다.

다음 대화를 완성하십시오.

1. 가 : 왜 이렇게 차가 막히죠?
   나 :
2. 가 : 선생님 안색이 별로 밝지 않더군요.
   나 :
3. 가 : 바람이 좀 이상하게 부는데요.
   나 :

5 동작동사 기에 달리다

예술품의 가치는 평가하기에 달려 있다.
성공과 실패는 마음먹기에 달렸다.
* 기록 단축은 얼마나 열심히 훈련하느냐에 달려 있다.

6 동사 기/게 마련이다

누구나 처음에는 실수를 하기 마련입니다.
아이들은 싸우면서 자라기 마련이죠.
날씨가 더우면 졸음이 쏟아지게 마련입니다.

7 명사 답다

학생이라면 학생답게 행동해야 합니다.
그렇게 힘든 일을 1주일만에 하다니 과연 너답다.
그는 정치인답게 말로 사람을 사로잡는 능력이 있다.

8 동사 (ㄴ/는)다고 해도

하루 종일 운다고 해도 아무도 신경 쓰지 않을 거예요.
모든 사람이 비웃는다고 해도 저는 제 길을 가겠습니다.
누가 뭐라고 해도 제 마음은 변하지 않습니다.

9 동작동사 고 말다

동생은 결국 울음을 터뜨리고 말았습니다.
어머니는 지나친 걱정으로 병에 걸리고 말았다.
매일 놀기만 하다가 시험에 떨어지고 말았다고 하더군요.

10 동사 듯(이)

그 사람은 거짓말을 밥 먹듯이 해서 믿을 수가 없어요.
여러분도 이미 알고 있듯이 이것은 쉬운 문제가 아닙니다.
겨울이 가면 다시 봄이 오듯 우리에겐 언제나 희망이 함께 합니다.

듣기 과제 2

다음 질문에 답하십시오.

1. 다음과 관계있는 것을 고르십시오.

버스	컴퓨터	이메일	텔레비전

☐ 외래어 ☐ 전문 용어 ☐ 한자어 ☐ 유행어

잘 듣고 질문에 답하십시오.

1. 다음 빈칸을 채우십시오.
   (1) 뜻을 전혀 모르거나 ________ 단어를 들었을 때 특히 그렇다.
   (2) 이 때 문법이 약간 ________, 그것 때문에 뜻을 이해할 수 없는 것은 아니다.
   (3) 언어는 사회적 약속이기 때문에 ________ 바꾸어 쓸 수 없는 것이다.
2. 의사 소통을 할 때 제일 중요한 것은 무엇입니까?
   ☐ 상대방이 말하려고 하는 의도를 이해하는 것
   ☐ 문법에 맞는 문장을 만드는 것
   ☐ 쉽고 정확한 단어를 사용하는 것
   ☐ 단어를 듣고 빨리 이해하는 것
3. 언어를 개인이 마음대로 바꾸어 쓸 수 <u>없는</u> 이유는 무엇입니까?
4. 사회 변화에 특히 민감한 언어의 예가 <u>아닌</u> 것은 무엇입니까?
   ☐ 유행어 ☐ 외래어 ☐ 전문 용어 ☐ 표준어

짝 활동 서로 말을 잘못 이해해서 약속이 어긋난 경험을 이야기해 봅시다.

이 름	누구와	언 제	어떤 일
빌리	나오코	작년 겨울	오후 9시를 오전 9시로 잘못 이해해서 12시간 넘게 기다렸다.

짐작하다 심지어 의사 소통 의도 자체 외래어 민감하다

읽고 말하기

다음 글을 읽고 질문에 답하십시오.

꿀벌의 의사 소통

1970년대 초, 독일의 한 동물학자는 꿀의 위치를 정확히 찾는 꿀벌의 능력에 관심을 갖게 되었다. 그래서 꿀벌들이 서로 어떻게 의사 소통을 하는가에 대해 연구를 시작하였다. 그의 연구에 따르면, 꿀벌은 춤으로 동료들에게 자신의 의사를 전달한다고 한다. 꿀벌의 춤에는 원형 춤과 8자형 춤이 있는데, 그 차이는 벌집과 꿀의 거리에 따른 것이다. 원형 춤은 동료들에게 집 근처 90m 이내에 꿀이 있다는 것을 알리는 신호이고, 8자형 춤은 꿀이 90m 이상 멀리 있다는 신호이다. 8자형 춤의 경우 꿀이 가까울수록 춤의 횟수가 많아지고, 멀수록 횟수가 적어진다. 꿀의 방향은 태양을 기준으로 하여 가리키게 된다. 춤의 방향이 똑바로 위를 향하면 해가 있는 쪽에 꿀이 있다는 뜻이다. 반대로 춤의 방향이 벌집 아래를 향하면 꿀이 해의 반대쪽에 있다는 것을 나타낸다. 또한 꿀의 품질이 좋을수록 더 열광적으로 춤을 춘다고 한다.

이러한 꿀벌의 의사 소통 방법은 인간이 예상했던 것보다 훨씬 정밀한 체계를 갖추고 있어서 사람들을 깜짝 놀라게 했다. 하지만 꿀벌의 언어는 인간의 언어와는 질적인 차이가 있다. 꿀벌이 춤으로 말하는 내용은 꿀에 관한 것뿐이고, 언제나 현재에 대해서만 말할 수 있으며, 거짓말을 할 수도 없다. 동물의 의사 소통 방법을 조금씩 이해하면 할수록 우리는 인간 언어의 정교함에 더욱 감탄하게 된다.

꿀벌의 8자형춤

1. 꿀벌은 어떤 수단으로 동료들에게 의사를 전달합니까?

- ☐ 소리
- ☐ 빛
- ☐ 냄새
- ☐ 춤

2. 꿀벌의 춤에 대한 내용으로 잘못된 것을 고르십시오.

- ☐ 원형 춤은 집 근처 90m 이내에 꿀이 있다는 것을 알리는 신호이다.
- ☐ 8자형 춤의 경우 꿀이 가까울수록 춤의 횟수가 많아진다.
- ☐ 꿀의 방향은 태양을 기준으로 하여 가리키게 된다.
- ☐ 춤의 방향이 벌집 아래를 향하면 꿀이 해가 있는 쪽에 있다는 것을 나타낸다.
- ☐ 발견한 꿀의 품질이 좋을수록 더 열광적으로 춤을 춘다.

3. 꿀벌의 언어가 인간 언어와 다른 점이 아닌 것을 고르십시오.

- ☐ 원하는 내용을 전달할 수 없다.
- ☐ 그 내용이 꿀에 관한 것뿐이다.
- ☐ 언제나 현재에 대해서만 말할 수 있다.
- ☐ 거짓말을 할 수 없다.

짝 활동 전혀 모르는 언어를 사용하는 나라에 갔다면 의사를 어떻게 표현하겠습니까?

언 제	어떻게
가까운 식당에 가려고 할 때	손으로 음식 먹는 흉내를 낸다.

다음 글을 읽고 질문에 답하십시오.

문자의 기원

전세계에 약 3,000개의 언어가 있지만, 언어를 기록하는 문자는 400개도 되지 않는다. 그러므로 문자를 가지고 있다는 것만으로도 축복 받은 민족이라고 할 수 있다.

모든 문자는 기본적으로 그림에서 시작한다. 글자를 나타내는 그림 문자를 상형 문자라고 하는데, 이 상형문자가 발달하여 표의문자가 되고, 이것이 더욱 간소화하여 표음문자로 발전하게 된다. 중국 한자의 기원은 상형문자인 갑골문자이다. 갑골문자는 거북이의 등 껍질이나 짐승의 뼈에 기록을 남겼던 것인데, 이것이 변화하여 지금의 한자가 되었다. 로마자인 알파벳도 원래 상형문자에서 비롯한 표음문자이다. 'A'는 소를 뜻하는 그림에서, 'B'는 집을 뜻하는 그림에서 기원하였다.

이렇게 대부분의 문자는 그림에서 조금씩 변화하여 현재의 문자로 정착되었다. 이와는 달리 한글은 발명을 통해 만들어졌다는 점에서 문자의 역사상 커다란 의의를 갖는다. 문자를 발명하려는 시도를 한 경우는 많지만, 그것이 성공한 예는 한글이 거의 유일한 것이기 때문이다.

한글은 표음문자로 발명된 것이기는 하지만, 다른 문자와 마찬가지로 상형의 원리를 따르고 있다. 자음은 인간의 목과 입의 모양을 따라 만들었다. ㄱ과 ㄴ은 소리를 낼 때 혀가 구부러지는 모양이고, ㅅ은 이, ㅁ은 입술, ㅇ은 목구멍의 모양이다. 그리고 나머지의 자음들은 여기에 선을 덧붙여 만들어졌다. 모음은 하늘(ㆍ)과 땅(ㅡ), 그리고 인간(ㅣ)의 모양을 그린 것으로, 이들을 조합하여 모든 모음을 만들었다. 세종대왕은 과학과 철학의 원리가 문자에 반영되어야 한다고 생각하였는데, 그 노력의 결과로 한글이 탄생하게 된 것이다.

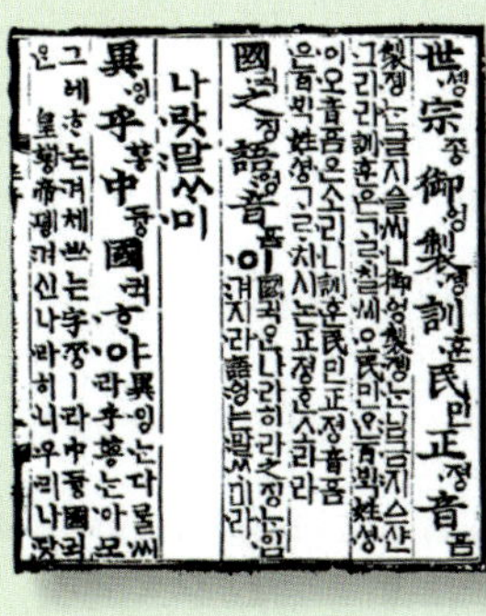
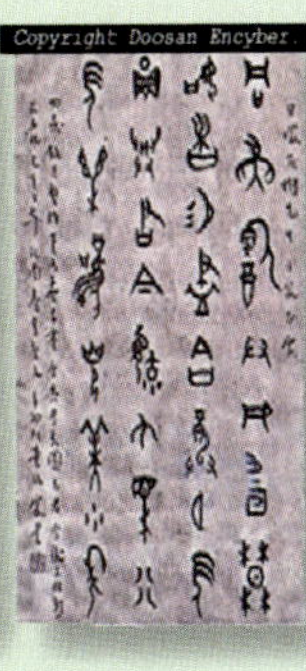

1. 문자의 발달 과정을 맞게 배열한 것을 고르십시오.

- ☐ 표의문자 → 표음문자 → 상형문자
- ☐ 표의문자 → 상형문자 → 표음문자
- ☐ 상형문자 → 표의문자 → 표음문자
- ☐ 상형문자 → 표음문자 → 표의문자

2. 한글이 문자의 역사상 커다란 의의를 갖는 이유는 무엇입니까?

3. 한글에 대한 설명으로 잘못된 것을 고르십시오.

- ☐ 한글은 표음문자이지만 상형의 원리를 따르고 있다.
- ☐ 자음은 인간의 목과 입의 모양을 따라 만들었다.
- ☐ 모음은 기본 자음에 선을 덧붙여 만들었다.
- ☐ 한글에는 과학과 철학의 원리가 들어 있다.

꿀벌 독일 동물학자 원형 벌집 신호 횟수 방향 태양 가리키다
향하다 열광적 정밀하다 체계 갖추다 현재 거짓말 정교하다 감탄하다
기원 언어 기록하다 축복 상형문자 표의문자 간소화하다 표음문자 갑골문자
거북이 껍질 짐승 뼈 로마자 비롯하다 정착되다 의의 시도 원리
자음 구부러지다 모음 조합하다 철학 반영되다 탄생하다

쓰 기

다음 글을 읽고 내용을 200자 내외로 요약하십시오.

한국인의 이름

처음 한국인의 이름을 들을 때 외국인들은 무척 당황하게 된다. 그 이유는 이름을 발음하기가 어려울 뿐만 아니라, 비슷한 이름이 많아서 기억하기도 쉽지 않기 때문이다. 이름이 이렇게 비슷하게 느껴지는 이유는 무엇일까?

한국인의 이름은 대부분 한 음절의 성(姓)과 두 음절의 이름으로 되어 있다. 성은 100% 한자이고, 이름도 대부분 한자이다. 이것은 중국의 한자가 한국에 오랫동안 영향을 미쳤기 때문이다. 최근에는 자녀에게 순수한 한국어로 된 이름을 지어 주려는 부모가 조금씩 늘어나고 있다.

성은 아버지의 성을 그대로 물려받으며, '김, 이, 박, 최'의 네 성이 한국인의 50% 이상을 차지한다. '남궁, 황보, 제갈, 선우' 등과 같이 두 글자로 된 성이 있기는 하지만 그 수는 많지 않다.

이름을 보면 그 사람이 남자인지 여자인지를 대충 알 수 있다. 이름에 '미, 숙, 희, 정' 등이 쓰이면 여자일 가능성이 높고, '철, 웅, 혁' 등이 쓰이면 남자일 가능성이 높다. 가끔 한 글자로 된 이름도 있는데, 고려 시대에는 왕족에게만 한 글자로 된 이름을 쓸 수 있도록 한 적도 있었다. 하지만 지금은 그런 법이 사라져서 원하는 사람은 누구나 한 글자로 된 이름을 지을 수 있다.

대부분의 한국 이름은 ……………………………………

……………………………………

……………………………………

……………………………………

위의 글을 참고하여 여러분 나라의 이름 짓는 방법에 대한 글을 쓰십시오.

음절　성(姓)　자녀　순수하다　물려받다　대충　왕족

세종대왕

세종대왕(1397-1450)은 한국의 역사상 가장 위대한 업적을 남긴 임금으로 손꼽힌다. 그는 태종의 셋째 아들로 태어나 1418년 조선의 제 4대 왕으로 책봉되었다. 세종이 한글을 발명한 임금으로 널리 알려져 있지만, 세종의 업적은 이에 그치지 않는다. 특히 왕위에 오를 때부터 수많은 난관과 역경을 겪었고 평생을 병마와 싸워야 했으나, 이러한 어려움을 의지로 극복하고 국방, 문화, 경제 등 거의 전 분야에 걸쳐 뛰어난 업적을 이룩했다는 점에서 그의 이름은 더욱 빛난다.

세종대왕은 즉위 후 1년 만에 일본의 대마도를 정벌하였다. 한반도 북쪽의 경계를 압록강과 두만강으로 넓힌 것도 그의 업적이다. 특히 그는 문화와 학문에 관심이 많았다. 학자들의 연구기관인 집현전을 확장하여 학문의 진흥에 힘썼고, 금속활자로 각종 서적을 편찬하였다. 측우기와 해시계, 물시계 등의 과학 기구 발명도 그의 적극적인 후원에 따른 것이다. 그는 백성들의 경제 생활에도 관심을 두어 각종 농법을 개량하고, 농법 소개서인 농사직설을 반포하여 과학 영농에 힘썼다. 그의 최대의 업적으로 꼽히는 한글 창제도 백성들이 편리하게 문자 생활을 할 수 있도록 하려는 정신에서 비롯한 것이다.

그는 왕위에 오른 지 32년 만에, 54세를 일기로 사망하여 그리 길지 않은 일생을 마감했으나, 그 위대한 업적은 역사와 함께 길이 빛나고 있다.

듣기 지문

듣고 말하기 p. 113

나오코 : 어머, 민정 씨. 오랜만이네요. 지난 주에는 어디 갔었어요?

민　정 : 머리도 식**힐 겸** 유학 간 친구도 만날 겸 해서 일본에 갔다 왔어요.

나오코 : 그래요? 일본에서 여행도 좀 했어요?

민　정 : 여행**은커녕** 시내 구경도 잘 못했어요.

나오코 : 아니, 왜요?

민　정 : 지도가 모두 한자로 되어 있어서 길 찾기가 너무 어려웠어요. 평소에 한자 공부를 더 열심히 **했더라면** 좋았을 텐데…….

나오코 : 한국 사람들도 한자를 많이 쓰지 않나요?

민　정 : 젊은 사람들은 한자를 잘 몰라요. 요즘 나오는 책들은 대부분 한글로만 되어 있거든요.

나오코 : 그래도 민정 씨는 한자를 많이 아는 편이잖아요?

민　정 : 그런데 지도에 있는 한자가 한국에서 쓰는 것하고 모양이 다르고 읽는 방법도 달라서 고생했어요. 일본 사람들은 한자를 많이 알아서 좋겠어요.

나오코 : 그건 생각하**기에 달린** 거예요. 저는 오히려 한글만 사용해도 불편함이 없다는 점에서 한국 사람들이 부러워요.

민　정 : 모두 한글을 만들어 주신 세종대왕 덕분이죠.

듣기 과제 1 p. 114

나오코, 빌리 : 선생님, 안녕하세요?

김 선생님 : 와, 이게 웬일이에요? 정말 오랜만이네요. 그동안 잘 지냈어요?

빌　　리 : 네, 회사 일이 너무 바빠서 그동안 통 연락도 못 드렸어요. 오늘이 선생님 생신이라고 나오코가 메모를 남겼길래, 시간을 내서 같이 왔어요.

김 선생님 : 이렇게 찾아와 줘서 정말 고마워요. 회사 일은 할 만해요?

빌　　리 : 예, 하지만 보고서를 작성하거나 거래 상담을 할 때는 아직도 많이 어려워요.

나 오 코 : 일이 좀 힘**든 모양이에요.**

빌　　리 : 일이 특별히 힘든 건 아닌데, 갑자기 단어가 생각나지 않을 때가 있어요. 한국어 실력이 오히려 줄어든 것 같아요.

김 선생님 : 가끔 그럴 때가 있어요. 일을 할 때는 누구나 긴장하**기 마련이니까** 너무 속상해 하지 말아요.

빌　　리 : 한국어를 더 열심히 공부했더라면 좀 더 재미있게 직장 생활을 할 수 있었을 텐데, 그게 좀 아쉬워요.

김 선생님 : 그건 빌리 씨가 한국 사람처럼 잘하려고 욕심을 부려서 그런 거겠지요.

나 오 코 : 맞아. 요즘 친구한테 한국어도 가르친다고 했잖아?

김 선생님 : 그래요? 한국어를 가르친다고요?

빌　　리: 아니요, 회사에 미국 친구 한 명이 입사했는데, 한국어를 전혀 몰라서 한글하고 인사말 정도만 가르쳐 주고 있어요.

김 선생님 : 친구를 도와준다니 역시 빌리 씨**답군요**. 같이 나가요. 제가 한턱 낼게요.

듣기 과제 2 p. 119

언어를 배우면 배울수록 더 어렵다는 생각이 들 때가 있다. 뜻을 전혀 모르거나 짐작하기 힘든 단어를 들었을 때 특히 그렇다. 이런 어휘들 중에는 학교에서 배운 적도 없고 심지어는 사전에 나오지 않는 것도 있다.

의사 소통을 할 때 제일 중요한 것은 상대방이 말하려고 하는 의도를 이해하는 것이다. 이 때 문법이 약간 틀린**다고 해도**, 그것 때문에 뜻을 이해할 수 없는 것은 아니다. 그러므로 상대방이 말하려고 하는 내용을 이해하려면 먼저 상대방과 나의 주변 상황을 이해하는 것이 중요하다.

문법이나 단어가 중요하지 않다고 하더라도 단어를 전혀 다른 의미로 사용하거나, 새로운 단어를 만들어 쓸 수는 없다. 이런 경우에는 의사 소통 자체가 불가능해지**고 말** 것이다. 언어는 사회적 약속이기 때문에 개인이 마음대로 바꾸어 쓸 수 없는 것이다. 사회가 바뀌면 언어도 바뀌게 된다. 유행어나 외래어, 전문 용어 등을 생각해 보면 언어가 얼마나 사회 변화에 민감한지 알 수 있다.

제 8 과 옛날이야기

도 입

다음 그림을 보고 이야기해 봅시다.

1

2

3

4

1. 여러분이 가장 좋아하는 옛날이야기의 주인공은 누구입니까?

2. 한국의 옛날이야기 중에서 여러분이 알고 있는 것은 무엇입니까?

3. 여러분이 가장 좋아하는 옛날이야기는 무엇입니까?

듣고 말하기

다음 질문에 답하십시오.

1. 다음과 관계있는 것을 고르십시오.

오누이	남매	부모	형제	자매

□ 가족　□ 홀어머니　□ 친척　□ 사회

2. (　)안의 말과 바꾸어 쓸 수 있는 어휘를 골라 연결하십시오.

아주	변한 모습을 (오랫동안) 쳐다보고 있었습니다.
갑자기	추우니까 (빨리) 안으로 들어오세요.
한참	우리 동네에는 (무척) 큰 병원이 두 곳이나 있습니다.
얼른	새로 나온 정보를 얻기 위해 (열심히) 뛰어다녔습니다.
부지런히	유학을 갔던 친구가 (뜻밖에) 돌아왔습니다.

다음 대화를 잘 듣고 질문에 답하십시오.

1. 다음 빈칸을 채우십시오.

(1) 맞아, 나도 동화책 파는 코너에서 제목을 ______ 있어.

(2) 용궁 생활이 너무 ______ 한참 동안 지내다가 가족들이 그리워서…….

(3) 신데렐라는 프랑스 ______ 콩쥐팥쥐하고 비슷하잖아.

2. 콩쥐팥쥐와 신데렐라의 공통점이 아닌 것을 고르십시오.

- ☐ 둘 다 만화 영화이다.
- ☐ 주인공이 착하고 예쁘다.
- ☐ 주인공은 새어머니께 구박을 받는다.
- ☐ 이야기의 결말이 같다.

3. 토끼전과 우라시마타로의 공통점은 무엇입니까?

- ☐ 주인공이 부자가 된다.
- ☐ 주인공이 거북이를 도와준다.
- ☐ 용궁이 등장한다.
- ☐ 토끼가 용궁에 간다.

4. 빌리는 일본과 한국의 옛날 이야기 내용이 비슷한 이유를 무엇이라고 생각합니까?

모둠 활동 여러분이 알고 있는 한국 이야기와 여러분 나라의 이야기를 비교해서 친구들에게 소개해 봅시다.

나라 이름	이야기 이름		비슷한 점	다른 점
	한국	여러분 나라		
일본				

듣기 과제 1

잘 듣고 질문에 답하십시오.

1. 다음 빈칸을 채우십시오.

(1) 옛날 옛날 깊은 산 속에 ________ 살고 있었어요.

(2) 어머니는 놀라서 심장이 ________, 정신을 차리고 얼른 떡 하나를 집어 주었어요.

(3) 아이들이 ________ 호랑이의 손이 보였어요.

2. 본문의 내용과 다른 것을 고르십시오.

- [ ] 어머니는 잔칫집에 일을 하러 갔었다.
- [ ] 호랑이는 어머니가 가지고 있던 떡을 모두 먹었다.
- [ ] 호랑이는 어머니와 함께 아이들이 있는 집으로 갔다.
- [ ] 호랑이는 어머니를 잡아먹었다.

3. 아이들이 이상하게 생각한 이유는 무엇입니까?

- [ ] 호랑이 소리가 들려서
- [ ] 호랑이의 손이 보여서
- [ ] 어머니 손이 보여서
- [ ] 어머니 목소리가 아니어서

모둠 활동 아이들은 어떻게 됐을까요? 뒷이야기를 만들어 보십시오.

주인공 친어머니 새어머니 구박하다 불쌍하다 거북이 용궁 홀어머니 오누이 담기다 바구니 이다 부지런히 고개 넘다 호랑이 잡아먹다 심장 멎다 얼른 욕심 꿀꺽 삼키다 목소리 문틈

문 법

1 명사 이/가 다 뭐예요?

가 : 김치 담글 줄 아세요?
나 : 김치가 다 뭐예요? 저는 라면도 못 끓이는데요.

가 : 여행은 잘 다녀오셨어요?
나 : 여행이 다 뭐예요? 가는 길에 교통 사고가 나서 정신이 없었어요.

가 : 주말인데 데이트 안 하세요?
나 : 데이트가 다 뭐야? 지난 주말에 싸워서 아직 말도 안 하는데.

다음 대화를 완성하십시오.

1. 가 : 이번 학기에도 장학금을 받으시죠?
   나 :
2. 가 : 승진은 하셨죠?
   나 :
3. 가 : 회사 사정이 좋아졌다던데 보너스는 좀 받으셨어요?
   나 :

2 명사 치고 / 치고는

한국 사람치고 춘향전을 모르는 사람은 없다.
드라마치고 삼각 관계가 안 나오는 거 본 적 있어요?
백화점에서 파는 물건치고는 싼 편이에요.
주말치고는 거리에 사람이 별로 없었어요.

다음 대화를 완성하십시오.

1. 가 : 한국민속촌에 가 보셨어요?
   나 : 그럼요,
2. 가 : 된장찌개 좋아하세요?
   나 : 그럼요,

3. 가 : 이 농구 선수는 키가 172cm밖에 안 돼요.
나 :

3 동사 고말고(요)

가 : 김치 좋아하세요?
나 : 좋아하고말고요. 한국에 살면서 김치를 못 먹으면 어떻게 해요.

가 : 내기에서 제가 이기면 밥 사 주시는 거죠?
나 : 그렇고말고.

가 : 내 생일 잔치에 올 수 있어요?
나 : 민정 씨 생일인데 가고말고요.

다음 대화를 완성하십시오.

1. 가 : 이 전화 써도 돼요?
나 :

2. 가 : 한번 찾아뵙고 싶은데 시간 괜찮으세요?
나 :

3. 가 : 약속 시간은 기억하고 있겠죠?
나 :

4 동작동사 (으)ㄹ 뻔하다

바람이 너무 많이 불어서 집이 날아 갈 뻔했대요.
아이들이 장난치다가 창문을 깰 뻔했어요.
길이 엇갈려서 하마터면 못 만날 뻔했어요.

5 동사 (으)ㄴ들

다이어트 상식을 아무리 많이 안들 실천하지 않으면 날씬해지기 힘들어요.
아무리 돈이 많은들 건강을 잃으면 무슨 소용이 있어요?
부모님을 위해서라면 제가 무슨 일인들 못 하겠어요?

6 명사 (이)나 명사 (이)나 할 것 없이

요즘은 출퇴근 시간이나 낮 시간이나 할 것 없이 차가 막히는 것 같아요.
남녀노소 할 것 없이 좋아하는 가수를 국민 가수라고 합니다.
사장, 직원 할 것 없이 회사를 살리기 위해 노력했습니다.

7 동사 (으)ㄹ 지경이다

길이 꽁꽁 얼어서 나가지도 못할 지경입니다.
말이 통하지 않아 답답해 미칠 지경이었다.
시험 때문에 너무 긴장해서 쓰러질 지경입니다.
목이 너무 말라서 죽을 지경입니다.

듣기 과제 2

다음 질문에 답하십시오.

1. 다음과 관계있는 것을 고르십시오.

신	신성하다	건국	영웅	초자연

- [ ] 민요
- [ ] 속담
- [ ] 판소리
- [ ] 신화

2. 비슷한 것끼리 연결하십시오.

등장하다	특별하다
오로지	만들다
흥미	나오다
창조하다	오직
독특하다	재미

잘 듣고 질문에 답하십시오.

1. 다음 빈칸을 채우십시오.

(1) 신화는 신성하고 ______ 성격이 강하다.

(2) 즉, 신들도 인간과 마찬가지로 누군가를 사랑하고 ______

(3) 그러므로 한 나라의 문화를 ______ 위해서는 신화를 읽어야 한다.

2. 신화는 무엇입니까?

3. 신화에 대한 설명이 아닌 것을 고르십시오.

- ☐ 신화에 영웅이 등장하는 경우도 많다.
- ☐ 인간의 감정을 드러내는 신도 많다.
- ☐ 신화는 이야기의 흥미를 가장 중요시한다.
- ☐ 신화 속에는 문화와 사고가 잘 녹아 있다.

짝 활동 여러분 나라의 신화를 소개해 봅시다.

나라 이름	주요 인물	주요 사건
한국	환웅, 웅녀, 단군	1. 환웅이 인간 세계로 내려왔다. 2. 곰이 마늘과 쑥을 먹고 웅녀가 되었다. 3. 환웅과 웅녀가 결혼해 단군을 낳았다. 4. 단군이 고조선을 건국했다.

신화 신 등장하다 주인공 영웅 신성하다 초자연 강하다 흥미 물음
절대적 존재 질투하다 증오하다 창조하다 독특하다 녹다

읽고 말하기

다음 글을 읽고 질문에 답하십시오.

효녀 심청

그때 심청이가 눈물을 흘리며 말했습니다.

"죄송해요, 아버지. 제가 아버지를 속였어요. 대감님 댁에 일을 하러 가는 것이 아니라, 사실은 공양미 삼백 석을 마련하려고 뱃사람들에게 제물로 제 몸을 팔았어요. 오늘이 바로 떠나는 날이에요."

심 봉사는 이 말을 듣고 그만 방바닥에 주저앉았습니다.

"그게 정말이냐? 못 간다, 못 가. 어떻게 나에게 물어보지도 않고 네 마음대로 하느냐? 자식을 죽여서 눈을 뜬들 무엇하겠느냐? 아내 죽고 자식 잃고 눈뜨는 게 다 뭐냐? 내가 더 살아서 무엇하겠느냐? 너하고 나하고 함께 죽자. 네 이 놈들아! 장사도 좋지만, 사람을 사다가 제사를 지내는 데가 어디 있느냐? 여보시오, 동네 사람들. 저런 놈들을 그냥 두고 보시오?"

청이는 울면서 아버지를 끌어안았습니다.

"아버지, 이제는 어쩔 수가 없어요. 제가 죽더라도 아버지는 눈을 떠서 세상을 보시고, 좋은 분을 만나서 잘 사세요."

심 봉사가 청이를 붙들고 목 놓아 통곡을 했습니다.

"날 죽이고 가거라. 그냥은 못 간다. 날 데리고 가거라. 너 혼자는 못 간다."

심청이는 동네 사람들에게 아버지를 부탁하고는 뱃사람들을 따라갔습니다. 억수 같이 눈물을 흘리면서 정든 마을을 돌아보았습니다.

"작년 오월 단오에 그네 타고 놀던 일이 꿈만 같구나. 칠월 칠석날 밤에 친구들과 함께 놀기로 한 것은 이제 허사가 되었네. 언제나 다시 볼까? 내 그리운 친구들. 너희는 부모님 모시고 잘 있거라."

이 모습을 보고 서로 붙들고 울지 않는 사람이 없었습니다.

1. 심청이는 아버지에게 어떤 거짓말을 했습니까?

2. 뱃사람들은 심청이를 데리고 무엇을 하려고 합니까?

- ☐ 대감님 댁에서 일을 시킬 것이다.
- ☐ 바다에서 제물로 쓸 것이다.
- ☐ 심 봉사의 눈을 고칠 것이다.
- ☐ 동네 사람들과 바다로 갈 것이다.

3. 이 이야기 앞에는 어떤 일이 있었을까요?

짝 활동 이 글 뒤에 이어질 이야기를 써 봅시다.

다음 글을 읽고 질문에 답하십시오.

단군 신화

하늘의 임금 환인에게는 환웅이라는 아들이 있었다. 환웅은 하늘 나라에서 인간 세계를 내려다보곤 했다. 환웅은 땅에서 힘들게 살아가는 사람들을 위해, 인간 세계로 가서 사람들을 도와주기로 했다. 환웅은 바람, 비, 구름의 신들을 거느리고 조선의 태백산(지금의 백두산)으로 내려왔다. 사람들은 태백산에 있는 큰 박달나무를 신단수라 부르고 환웅에게 제사를 지냈다. 환웅이 사람들을 돌보아 주자 사람들은 행복한 생활을 할 수 있었다.

어느 날, 태백산에 살고 있던 곰과 호랑이가 사람이 되고 싶어 신단수 아래에서 간절하게 기도를 하였다.

"제발 저희가 사람이 될 수 있게 도와주세요."

곰과 호랑이의 기도를 들은 환웅은 그들에게 마늘과 쑥을 주면서 이것을 먹고 백 일 동안 동굴에서 나오지 않으면 사람이 될 것이라고 말했다. 곰과 호랑이는 기뻐하며 쑥과 마늘을 가지고 동굴 속으로 들어갔다. 그러나 호랑이는 며칠을 견디지 못하고 동굴 밖으로 뛰쳐나가고 말았다. 동굴 속에서 마늘과 쑥만 먹고 지낸 지 21일째 되는 날 곰은 자신이 처녀로 변했다는 것을 알았다.

그리하여 동굴 밖으로 나가 사람들과 살고자 하였으나, 사람들은 그녀를 웅녀라 부르면서 같이 어울리지 않았다. 웅녀가 다시 환웅에게 기도를 드려 함께 살 남자를 간청하자, 환웅은 사람의 모습으로 나타나 그녀와 결혼하였다. 얼마 후 웅녀는 아들을 낳았는데, 이가 바로 단군 왕검이다. 단군 왕검은 기원전 2333년 평양을 수도로 하여 조선을 건국하였다.

1. 환웅에 대한 설명으로 맞지 않는 것을 고르십시오.

☐ 하늘의 임금 환인의 아들이다.

☐ 인간 세계로 가서 사람들을 도와주었다.

☐ 바람과 비, 구름을 관장하는 신이다.

☐ 사람들은 박달나무 아래에서 그에게 제사를 지냈다.

2. 윗글의 내용과 같은 것을 고르십시오.

- ☐ 곰과 호랑이는 사람이 되고 싶어했다.
- ☐ 곰은 사람이 되지 못했다.
- ☐ 호랑이는 예쁜 처녀로 변했다.
- ☐ 호랑이는 100일 동안 쑥과 마늘만 먹고 사람이 되었다.

3. 조선을 건국한 사람은 누구입니까?

☐ 환인　　☐ 환웅　　☐ 웅녀　　☐ 단군

모둠 활동 여러 나라의 건국 신화에 대해 알아봅시다.

이름	나라	신화

속이다　대감　공양미　석　마련하다　뱃사람　제물　봉사　방바닥　주저앉다
제사　동네　위로하다　붙들다　목을 놓다　통곡을 하다　억수같이　정들다　단오
그네　칠월 칠석　모시다　거느리다　박달나무　돌보다　간절하다　기도를 하다　제발
저희　쑥　동굴　뛰쳐나가다　처녀　간청하다　기원전　수도　건국하다　관장하다

쓰 기

다음 글을 읽고 이야기를 연극 대본으로 고쳐 쓰십시오.

젊어지는 샘물

옛날 옛날 한 마을에 마음씨 착한 나무꾼 할아버지가 살았습니다. 어느 날 할아버지가 숲에서 나무를 하고 있는데, 예쁜 파랑새 한 마리가 날아 왔습니다. 파랑새의 노래에 끌려 숲 속으로 들어가다가 맑은 샘물이 있는 것을 발견했습니다. 목이 말랐던 할아버지는 샘물을 떠서 시원하게 마시고는 그 자리에 누워 낮잠을 잤습니다.

낮잠을 자고 일어나서 할아버지는 온몸에 힘이 넘치는 것을 느꼈습니다. 샘물에 얼굴을 비춰 보니 하얗던 머리와 수염이 모두 까맣게 변했고, 얼굴의 주름도 사라져 청년이 되어 있는 것이었습니다. 집으로 돌아와 할머니에게 이 일을 말하고 숲으로 들어가 샘물을 마시게 했습니다. 할머니도 젊은 여자가 되어 할아버지와 할머니는 행복하게 살았습니다.

이웃 마을에 살던 욕심 많은 할아버지가 이 소문을 듣고, 착한 할아버지를 찾아갔습니다.

"그 샘물을 먹으면 정말 젊어집니까?"

"젊어지고말고요."

착한 할아버지는 정직하게 샘물의 위치를 가르쳐 주었습니다. 욕심 많은 할아버지가 샘물을 마시러 숲으로 들어간 지 하루가 지났는데도 돌아오지 않자, 착한 할아버지는 걱정이 되었습니다. 할머니와 함께 숲으로 가 보니 한 아기가 욕심 많은 할아버지의 옷 속에서 울고 있었습니다.

"여보, 그 할아버지가 너무 욕심을 부려서 아기가 된 모양이오."

"그런가 봐요. 마침 우리에게 아이가 없으니 데려다가 잘 키웁시다."

할아버지와 할머니는 아기를 데리고 집으로 돌아와서 행복하게 잘 살았다고 합니다.

친구들과 함께 연극을 공연해 봅시다.

샘 나무꾼 숲 나무를 하다 파랑새 끌리다 목이 마르다 뜨다 넘치다 수염 주름 청년

효(孝)와 속담

한국은 예로부터 '동방예의지국(東方禮義之國)'이라 불려 왔다. 조선 시대부터 유교 문화의 영향을 받아 효(孝)를 모든 것의 근본으로 여기고 예의를 중시했기 때문이다. '찬물도 위아래가 있다'는 속담은 여기서 생겨났다. 이 말은 윗사람과 아랫사람의 차이가 분명히 존재하므로, 모든 일에서 윗사람이 먼저라는 뜻이다.

'신체발부수지부모(身體髮膚受之父母)'라는 말은 신체의 모든 것은 부모로부터 받은 것이므로 이를 온전히 보존하는 것이 가장 중요하다는 의미이다. 즉, 자신의 건강을 지키는 것이 효의 기본이요, 으뜸이라는 뜻이다.

그러나 효를 실천하는 일이 쉽지 않기 때문에 효행의 어려움을 표현한 속담도 있다. '내리사랑은 있어도 치사랑은 없다'와 '긴병에 효자 없다'는 속담이 그 예이다. 여기서 '내리사랑'이란 부모의 자식 사랑을 뜻하고, '치사랑'은 자식의 부모 공경을 말한다. 부모가 자식을 사랑하고 아끼는 만큼 자식이 부모를 공경하는 예는 드물다는 의미이다. '긴병에 효자 없다'는 속담은 말 그대로 비록 효자, 효녀라 할지라도 부모가 오랫동안 편찮으실 때 지치지 않고 끝까지 효도하기가 어렵다는 뜻이다. 이 속담은 어떤 일이든 한 가지를 오래 하다 보면 자연히 성의가 부족해진다는 의미로 쓰이기도 한다.

듣기 지문

듣고 말하기 p. 130

빌　리 : 민정 씨, 한국 옛날 이야기 중에 콩쥐팥쥐라는 게 있죠?

민　정 : 네, 그런데 왜요?

빌　리 : 어제 TV에서 콩쥐팥쥐 만화 영화를 하더라고요. 내가 만화 영화를 아주 좋아하거든요. 그래서 끝까지 봤는데 신데렐라 이야기랑 아주 비슷하더군요.

나오코 : 맞아, 나도 동화책 파는 코너에서 제목을 본 적이 있어. 그런데 그 이야기가 신데렐라랑 똑같아요?

민　정 : 네, 비슷한 점이 많이 있어요. 먼저 주인공이 아주 착하고 예쁘다는 점, 둘째, 주인공의 친어머니가 돌아가셔서 새어머니가 들어오게 되는데 주인공을 구박한다는 점, 마지막으로 왕자님하고 결혼을 한다는 점 등들 많은 부분이 비슷해요.

나오코 : 나라는 다르지만 내용은 비슷한 이야기들이 많이 있는 것 같아요. 일본 옛날 이야기 중에 '우라시마타로'라는 게 있는데 한국에도 토끼전이 있잖아요.

민　정 : 우라시마타로는 어떤 이야긴데요?

나오코 : 어떤 사람이 불쌍한 거북이를 도와줘서 용궁에 가게 되는 이야기예요. 용궁 생활이 너무 재미있어서 한참 동안 지내다가 가족들이 그리워서 고향에 돌아오지만, 세월이 많이 흘러서 가족들은 이미 죽어 버렸다는 이야기예요.

민　정 : 줄거리는 다르지만 용궁이 나오는 건 토끼전하고 비슷하네요.

나오코 : 일본이랑 한국이 가까워서 옛날 이야기들도 비슷한 게 있나 봐요.

빌　리 : 내가 볼 때는 사람들이 생각하는 게 비슷해서 그런 것 같아. 신데렐라는 프랑스 소설인데도 콩쥐팥쥐하고 비슷하잖아.

듣기 과제 1 p. 131

옛날 옛날 깊은 산 속에 홀어머니와 오누이가 살고 있었어요. 어느 날 어머니가 잔칫집에 일을 하러 갔다가 밤늦게 돌아오는 길이었어요.

"벌써 날이 이렇게 어두워졌네. 빨리 가야지. 애들이 배고플 텐데……"

어머니는 잔치 음식이 담긴 바구니를 머리에 이고 산길을 부지런히 걸었어요. 어머니가 고개를 넘어 갈 때였어요. 갑자기 호랑이 한 마리가 나타나서 "어흥! 떡 하나 주면 안 잡아먹지." 하는 거예요. 어머니는 놀라서 심장이 멎을 **뻔했**지만, 정신을 차리고 얼른 떡 하나를 집어 주었어요. 그런데 욕심 많은 호랑이는 바구니에 있던 떡을 모두 먹어 버렸어요.

"아직도 배가 고픈 걸? 이제 떡이 없으니 너라도 잡아먹어야겠다!" 하며 어머니를 꿀꺽 삼켜 버렸어요. 그리고 나서 호랑이는 오누이가 있는 집으로 갔어요. "얘들아! 엄마가 왔다. 문 열어라." "어, 이상하다? 엄마 목소리가 아닌데." 아이들이 문틈으로 밖을 보니 호랑이의 손이 보였어요.

듣기 과제 2 p. 135

신화는 신들이 등장하는 옛날 이야기이다. 그렇지만 신화의 주인공들이 모두 신은 아니다. 그리스 로마 신화와 같이 영웅이 등장하는 예도 많다.

신화는 신성하고 초자연적인 성격이 강하다. 그래서 이야기의 흥미보다는 인간과 세계에 대한 물음을 더 중요하게 다룬다. 한편, 신화 속의 신들은 절대적인 힘을 가진 존재임에도 불구하고 인간적인 면을 드러내는 경우가 많다. 즉, 신들도 인간과 마찬가지로 누군가를 사랑하고 질투하고 증오한다. 왜냐하면 신화 속의 신을 창조하고 그들의 이야기를 이어온 것이 바로 사람이기 때문이다.

역사와 문화가 오래된 나라**치고** 고유의 신화를 가지지 않은 나라는 없다. 또 신화 속에는 그 나라와 민족의 독특한 문화와 사고가 잘 녹아 있다. 그러므로 한 나라의 문화를 제대로 이해하기 위해서는 신화를 읽어야 한다.

단어맞추기

가로열쇠

1 꾸밈이나 거짓이 없이 나쁘지 않다. 화려하다의 반대말.

3 21세기 한국의 주요 산업은 이것이 될 것입니다.

5 나오코는 ○○에서 온 유학생입니다.

7 부딪히거나 맞아서 상처를 입다.

9 사람이 먹을 수 있는 물품.

10 이름과 근무처, 전화번호 등을 적은 작은 종이.

12 대학교에서 학생들을 가르치는 사람.

13 잔칫집이나 상가 등에 돈이나 물건을 보내거나, 일을 도와주는 것.

14 두 사람이나 두 개의 물건 방향이 서로 등지고 있는 상태. 남의 의견이나 행동에 따르지 않는 것. 찬성의 반대말.

15 주되거나 중심이 되는 상태로. 주말에는 ○○ 뭘 하십니까?

17 이탈리아의 수도 이름.

19 크고 작음.

20 우편물을 나누어 주는 일을 하는 사람. 집배원과 같은 뜻.

22 '이[齒]'를 점잖게 부르는 말.

24 교통이 꽉 막혀 쉽게 다닐 수 없게 된 것을 병에 비유하여 이르는 말.

25 약간 붉은 빛이 나는 치마. 좋은 것의 대명사로, '같은 값이면 ○○○○' 라고 하죠.

세로 열쇠

1 화요일의 다음 날.

2 같지 않다.

3 규칙 등을 만들거나 세우다. 마음을 먹거나 결심하다.

4 새로 만든 물건.

6 가명이나 별명이 아닌 원래의 이름.

8 병이나 상처로 인해 약을 먹거나 수술을 하거나 하여 낫게 하는 것.

9 먹는 물.

11 조심하지 않고. 길에 쓰레기를 ○○○ 버리지 마세요.

12 어떤 일을 서로 번갈아서. 두 사람이 ○○○ 집을 지킨다.

15 사람이 살고 있는 곳을 행정구역으로 나타낸 것.

16 사람의 머리에서 발끝까지의 몸. ○○발부는 수지부모라.

18 거의 비슷하게. 하는 짓이 ○○ 어린 아이 같다.

19 고등학교를 졸업하고 공부를 더 하려면 여기에 가야죠.

20 항상 슬프고 우울하게 느끼는 병.

21 나도 상대방처럼 되고 싶다고 생각하면 이렇게 말합니다. 그의 아름다운 목소리가 정말 ○○○.

23 아주머니를 다르게 이르는 말. 결혼한 여자를 흔히 이렇게 부릅니다.

모범 답안

제 1 과 이사

듣고 말하기 p.14

1. ☑ 부동산
2. 월세방 - 다달이 돈을 내면서 빌려 사는 방, 전셋집 - 일정 금액을 주인에게 맡기고 빌려 쓰는 집, 하숙집 - 일정한 돈을 내고 밥과 잠자리를 제공 받는 집, 기숙사 - 학교나 회사 안에 있어서 학생이나 직원이 함께 사는 집

1. (1) 이사철이어서 그런지 (2) 적당한 집이 (3) 찾아보지 그래요?
2. 집에서 회사까지 멀어서
3. ☑ 이사철이어서
4. 인터넷이나 생활 정보지 광고를 찾아보는 방법

듣기 과제 1 p.15

1. (1) 방 나갔나요? (2) 불편하지 않을 (3) 미리 전화 주고
2. ☑ 생활 정보지
3. ☑ 화장실은 공동으로 사용해야 한다.

문법 p.16

1 1. 혼자 살기에는 집이 좀 커요.
2. 전화를 하기에는 시간이 너무 늦었어요.
3. 외국인이 읽기에는 이 책이 너무 어렵습니다.

2 1. 똑똑해서 그런지 한 번 들으면 금방 이해해요.
2. 날씨가 덥지 않아서 그런지 반바지가 잘 안 팔려요.
3. 어제 무리를 해서 그런지 자꾸 졸려요.

3 1. 등산이라도 다니지 그래요?
2. 바지 정장이라도 입으세요.
3. 연필이라도 괜찮아요.

4 1. 창문을 좀 열지 그래요?
2. 사전을 찾아보지 그래요?
3. 노래방이라도 가지 그래?

5 1. 못 오거든 다음에 시간 있을 때 밥이라도 같이 먹자.
2. 가방을 사려거든 동대문시장에 가 보세요.
3. 담배를 피우시려거든 건물 밖으로 나가셔야 합니다.

6 1. 비행기 출발 두 시간 전에 도착하도록 하려고요.
2. 박스에 넣어 포장한 후 풀어지지 않도록 끈으로 묶으세요.
3. 이번에는 합격할 수 있도록 열심히 공부할 거예요.

7 1. 누워 있었어요.
2. 아마 닫혀 있을 거예요.
3. 놓여 있던데요.

듣기 과제 2 p.19

1. (드디어) 긴 겨울이 끝나고 봄이 왔어요, (마침) 친구가 찾아와서 같이 저녁을 먹었어요, (혹시) 선생님 댁이 어딘지 아세요?, (보통) 집들이 때는 세제를 선물합니다.

1. (1) 마음에 드는 (2) 좁기는 하지만 (3) 문제가 없는지
2. ☑ 이번 주말
3. (1) 계약서를 아저씨가 대신 써 준다. (2) 나중에 문제가 생겼을 때 도움을 받을 수 있다.
4. ☑ 10%

읽고 말하기 p.21

1. 집에서 통학이 어렵거나 외국에서 유학 왔을 때
2. ☑ 학교 시설을 편리하게 이용할 수 있는 점
3. 다소 비싼 것

1. ☑ 집을 돌, 나무, 흙 등의 재료로 만들었기 때문에
2. ☐ 방: 개인을 위한 공간 ☐ 대청: 가족을 위한 공간 ☐ 마당: 큰일을 치르는 공간
3. 겨울에는 열을 뺏기지 않아 따뜻하고, 여름에는 강렬한 태양열을 차단하여 시원하게 해 준다. 또한 구하기도 쉽고 비도 잘 새지 않아 좋다.

제 2 과 음식과 요리

듣고 말하기 p.30

1. ☑ 채소
2. 김치를 - 담그다, 1등으로 - 뽑히다, 속이 - 단단하다, 윤기가 - 나다, 배추를 - 절이다

- 1. (1) 먹다가 보니 (2) 식사를 했다고 (3) 없지만
  2. 속이 단단하고 윤기가 나는 것
  3. ☑ 6시간 ~ 8시간

듣기 과제 1 p.31

- 1. (1) 가는 길이에요. (2) 없는 셈이에요. (3) 한턱 낼게요.
  2. 외국인들이 김치를 직접 만들어 보는 행사
  3. ☑ 김치의 양
  4. ☑ 나오코는 김치를 담가 본 경험이 많다. ☑ 나오코는 선배와 같이 행사에 참가한다.

문법 p.33

1 1. 국화꽃이 예쁘던데 한 다발 살까요?
2. 다음 주에 졸업식이 있던데 어디에서 하는지 알아요?
3. 아침부터 길이 막히던데 무슨 일이 있나요?

2 1. 계속 먹다가 보니까 좋아하게 됐어요.
2. 여러 나라를 여행하다 보니 알게 됐어요.
3. 늘 입다 보니 오히려 편해요.

3 1. 열심히 공부해야 갈 수 있어요.
2. 학생증을 보여 줘야 할인을 받을 수 있어요.
3. 속담을 알아야 한국 문화를 잘 이해할 수 있거든요.

4 1. 오는 길에 친구를 만나서 이야기하느라고 늦었어요.
2. 집에 가는 길이에요.
3. 갔다 오는 길에 가게에서 편지 봉투 좀 사다 주세요.

5 1. 11시에 잤으니까 일찍 잔 셈이에요.
2. 보통 사람들보다 많이 해 본 셈이에요.
3. 다른 나라에 비해 조금 비싼 셈이에요.

듣기 과제 2 p.35

- 1. 빈혈을 – 예방하다, 궁합이 – 맞다, 영양을 – 섭취하다, 냄새를 – 줄이다, 흡수를 – 돕다

- 1. (1) 음식 궁합이라고 (2) 맞는 음식에는 (3) 건강에 좋습니다.
  2. ☑ 민정: 딸기와 우유를 섞어서 주스를 만들었다.
  3. 맥주 – 땅콩, 커피 – 크림, 토마토 – 설탕

읽고 말하기 p.37

- 1. 떡국 2. 삼계탕 3. 피자 4. 회

- 1. 국은 국물이 많은 것이고, 찌개는 건더기가 많고 맛이 짠 것이다.
  2. 음식을 맛있게 해 주는 것으로 영양분도 많기 때문에, 콩
  3. ☑ 벼를 기르는 방법 ☑ 김치의 종류

쓰기 p.40

- ① – ㉣, ② – ㉢, ③ – ㉡, ④ – ㉤, ⑤ – ㉮

제3과 돌잔치

듣고 말하기 p.46

- 1. ☑ 생일
  2. 돌을 맞은 아기에게 – 아기 옷, 첫 월급을 받았을 때 부모님께 – 속옷, 새로 이사간 선배에게 – 가루비누, 졸업하는 사촌 동생에게 – 만년필, 스승의 날 선생님께 – 카네이션

- 1. (1) 연락하려던 (2) 돌이라고요? (3) 전부터
  2. ☑ 돌잔치에 초대하기 위해서
  3. ▢ 언제: 다음 주 토요일 저녁 6시부터 9시까지
     ▢ 어디서: 회기역 근처에 있는 장미 뷔페에서

듣기 과제 1 p.47

- 1. (1) 가봤을 테니까 (2) 금처럼 변함없이 (3) 샀으면 했는데
  2. ☑ 언제나 건강하라는 의미에서 ☑ 필요할 때 돈으로 바꿔 쓰라고
  3. ☑ 아기 옷은 돌 선물로 좋지 않다.

문법 p.49

1 1. 그렇지 않아도 먹으려던 참이에요.
2. 그렇지 않아도 사전을 사려던 참이었는데 잘 됐네요.
3. 소포를 부치려던 참이었는데 잘 됐네요.

2 1. 애완 동물을 한 마리 키웠으면 좋겠어요.
2. 다시 만날 수 있었으면 합니다.
3. 어렸을 때는 변호사가 됐으면 좋겠다고 생각했어요.

3 (2) 절대 후회하지 않을 테니까 한 번만 써 보세요.
(3) 조금 이따가 들어갈 테니까 자리를 잡아 두세요.
(4) 길이 미끄러울 테니까 차를 두고 가십시오.
(5) 부모님께서 걱정하실 테니까 집에 전화하세요.

듣기 과제 2 p.51

1. ☑ 시험
2. 합격하다 – 붙다, 기원하다 – 빌다, (시험을) 치르다 – 보다, 자식 – 자녀

1. (1) 시험을 앞둔 (2) 잘 찍으라는 (3) 잘 보라는
2. ☑ 시험에 꼭 붙으라고
3. ☑ 젓가락 ☑ 바나나

읽고 말하기 p.53

1. 아기가 성장의 초기 과정에서 한 고비를 넘긴 것을 축하하기 위해서
2. ☑ 국수, 실
3. 돌상 앞에 여러 가지 물건을 차려 두고 아이에게 갖고 싶은 물건을 집도록 한다.

1. ☑ 친구가 찾아왔을 때
2. ☑ 배부르게 먹고 즐기는 것
3. 잔치에 초대받은 사람들이 축하의 의미로 주는 선물

제 4 과 분실

듣고 말하기 p.59

1. ☑ 신용카드
2. 빚을 – 갚다, 겁이 – 나다, 곤란을 – 겪다, 골치가 – 아프다, 돈을 – 빌리다

1. (1) 잃어버려서 (2) 없는 데다가 (3) 없어져서
2. ☑ 가는 길에 지갑을 잃어버려서
3. ☑ 돈 ☑ 신용카드 ☑ 신분증 ☑ 현금 카드
4. 돌아올지도 몰라서

듣기 과제 1 p.60

1. (1) 한두 주쯤 (2) 익숙하지 않아서 (3) 웬만하면
2. ☑ 한 번 잃어버리면 큰 곤란을 겪게 된다. ☑ 괜히 쓸데없는 것도 많이 사게 된다. ☑ 충동적으로 과소비를 하게 된다.
3. ■ 장점: 외국에서도 현금처럼 쓸 수 있다.
   ■ 단점: 당장 돈을 내는 것이 아니기 때문에 지출을 많이 하게 된다.

문법 p.62

1 1. 나오코가 1등이라면서요?
2. 저축률이 떨어지고 있다면서요?
3. 유럽으로 여행을 간다면서요?

2 1. 중국은요.
2. 열심히 하기는요.
3. 좋아하기는요.

3 1. 친구가 들고 있는 짐이 너무 무거워 보이길래 들어 주기로 했습니다.
2. 다음 주에 연휴가 있길래 친구에게 같이 여행을 가자고 했어요.
3. 핸드폰 요금이 너무 많이 나왔길래 통신 회사에 전화를 걸어 봤습니다.

4 1. 어렸을 때는 키가 작더니 지금은 반에서 제일 커요.
2. 많이 먹더니/먹었더니 배탈이 났네요.
3. 친구 집에 밤늦게 전화했더니 부모님께서 싫어하시더군요.

듣기 과제 2 p.65

1. ☑ 신분증

1. (1) 지나고 있었어요. (2) 찾기 어려울 거예요. (3) 성함하고 전화번호를
2. ■ 언제 : 어제 오후 5시 30분쯤에
   ■ 어디서 : 지하철 안에서
3. ☑ 운전면허증 ☑ 신용카드
4. 어제 오후 분실물은 그 때쯤 다 들어오기 때문이다.

읽고 말하기 p.67

1. ■ 실수 명 잘 알지 못하거나 부주의해서 저지르는 잘못
   ■ 실패 명 중요한 일을 능력 부족이나 어려운 여건 등의 이유로 이루지 못한 것

2. 사소한 것과 중요한 것을 나누는 기준이 매우 주관적이어서
3. ☑ 일을 시작하기 전에 미리 준비한다. ☑ 긴장하지 말고 여유를 가진다. ☑ 똑같은 실수를 반복하지 않도록 노력한다.

1. 가만히 있기에는 조금 길고, 뭘 하기엔 짧은 시간이기 때문에
2. ☑ 비싼 물건을 산 후에 후회를 한다.
3. 아무 일도 하지 않고 기다리는 것

단어 맞추기(1-4과) p.75

1 민	간	2 요	법			3 돌	잡	4 이
		령			5 충			자
6 효	7 과		이	8 열	치	9 열		
	소		웃			쇠		10 보
11 고	비		12 집	들	13 이		14 교	통
혈					15 사	무	실	
압		16 건	더	17 기				18 진
		망		준		19 신	경	통
20 불	면	증			21 녹	용		제

제 5 과 건강

듣고 말하기 p.78

1. ☑ 커피
2. 시간을 - 내다, 불면증에 - 걸리다, 분위기를 - 전환하다, 병을 - 예방하다, 긴장을 - 풀다

1. (1) 피곤해 보이네요. (2) 보고서도 있고 해서 (3) 바쁠수록
2. ☑ 밤에 잠을 잘 자지 못해서
3. ☑ 억지로 자려고 해서

듣기 과제 1 p.79

1. (1) 생활 습관을 (2) 전환하는 데도 (3) 졸음을 예방하고
2. ☑ 가끔 가구의 위치를 바꿔 준다. ☑ 자주 밖에 나가 가벼운 체조를 한다.
3. 항상 같은 시간 동안 같은 양의 운동을 할 수 있다.

문법 p.81

1 1. 처음에만 어렵지 몇 번 해 보면 금방 익숙해져요.
2. 다른 사람에게 부탁하지 왜 직접 하세요?
3. 미리미리 공부해야지 시험 전날 밤을 새우면 안 돼요.

2 1. 특별한 약속도 없고 해서 집에서 쉴 생각이에요.
2. 답답하고 해서 바람 좀 쐬려고 나왔어요.
3. 기침도 심하고 해서 병원에 가느라고 못 왔어요.

3 1. 노력하면 노력할수록
2. 생각할수록
3. 어렵고 힘들수록

4 1. 한국어로 이야기하려다가 그 사람이 이해를 잘 못해서요.
2. 가려다가 일이 늦게 끝나는 바람에 못 갔어요.
3. 이사하려다가 마땅한 집이 없어서 그냥 살기로 했어요.

5 1. 선물한 셈 치세요.
2. 친구랑 밥 먹은 셈 치고 잊어버리세요.
3. 먹은 셈 치겠습니다.

듣기 과제 2 p.84

1. ☑ 치과
2. 도저히 - 아무리 해도 전혀, 견디다 - 참고 이겨내다, 진통제 - 통증을 없애기 위해 먹는 약, 응급실 - 병원에서 위급한 환자를 치료하는 곳, 민간요법 - 옛날부터 전해 오는 병의 치료 방법

1. (1) 못 견디겠어요. (2) 오히려 점점 더 (3) 데리러 갈게요.
2. ☑ 이
3. ☑ 민정이와 함께 응급실에 갈 것이다.

읽고 말하기 p.86

1. ☑ 고혈압이나 심장병을 낫게 하는 점
2. ☑ 목욕물의 온도

1. ☑ 스트레스를 받지 않고 살기가 어렵기 때문에
2. ☑ 음주 ☑ 흡연 ☑ 폭식
3. 운동, 명상, 춤, 노래, 수다 떨기

제 6 과 환경

듣고 말하기 p.96

1. ☑ 환경 오염
2. 침몰하다 - 가라앉다, 오염되다 - 더러워지다, 유출되다 - 흘러나오다, 제거하다 - 없애다, 지불하다 - (돈을) 내다

1. (1) 구조됐대요. (2) 오염됐을 텐데요. (3) 떼죽음을 당했대요.
2. ☑ 선원들이 많이 죽었다.
3. 기름 띠를 제거하고 배도 끌어올릴 예정이다.

듣기 과제 1 p.97

1. (1) 쓰레기의 양에 따라 (2) 절약하기 위해서라도 (3) 재활용 가능한
2. ☑ 쓰레기 종량제는 쓰레기 양을 늘리기 위한 제도이다.
3. 버리는 쓰레기의 양은 줄고, 재활용 가능한 쓰레기의 양은 늘었다.

문법 p.99

1
1. 자면서 말을 한단 말이에요?
2. 비를 맞으면서 행사를 하겠단 말이에요?
3. 그렇게 많은 나무가 없어지고 있단 말입니까?

2
1. 해 보나 마나 안 계실 거예요.
2. 보나 마나 등산을 안 갈 거예요.
3. 보나 마나 제 동생일 거예요.

3
(2) 꽃병의 꽃이 시들까 봐 물을 갈아 주었습니다.
(3) 아기가 감기에 걸릴까 봐 에어컨을 켜지 않았어요.
(4) 아침에 일어나지 못할까 봐 시계를 맞춰 뒀어요.
(5) 친구가 화를 낼까 봐 말하지 못했습니다.

4
1. 내리다가는
2. 통화하다가는
3. 피우다가는

듣기 과제 2 p.102

1. ☑ 차량 10부제
2. 워낙 - 두드러지게 아주, 원래, 느긋하다 - 급하지 않고 마음이 넉넉하다, 게다가 - 그런 데다가, 그 위에, 또 더하여, 탁하다 - 액체나 공기가 맑지 않고 흐리다

1. (1) 차 쓸 일 없으면 (2) 대개 서서 오니까 (3) 서울 시내 공기가
2. 자동차가 워낙 많아서
3. ☑ 출근 시간에는 조금 서둘러야 한다.

읽고 말하기 p.104

1. ☑ 교통 체증
2. 한 가지 행동으로 두 가지의 좋은 결과를 얻는다.
3. ☑ 일회용품 사용하기

1. 전기를 사용할 수 없는 것은 물론 교통 수단, 공장 등도 움직일 수 없다.
2. ☑ 과학 기술을 계속 발전시킬 수 있다.
3. 새로운 기술이 또 다른 문제를 일으킬 가능성이 크기 때문에

제 7 과 한글

듣고 말하기 p.113

1. ☑ 문자
2. 전혀 - (한 번도), 오히려 - (예상과는 반대로), 대부분 - (거의 모두), 통 - (거의), 평소에 - (보통 때)

1. (1) 식힐 겸 (2) 잘 못했어요. (3) 좋겠어요.
2. ☑ 머리를 식히려고 ☑ 친구를 만나려고
3. ☑ 모양이 다르다. ☑ 읽는 방법이 다르다.
4. 한글만 사용해도 불편함이 없다는 점을 부러워한다.

듣기 과제 1 p.114

1. (1) 아직도 많이 어려워요. (2) 줄어든 것 같아요. (3) 욕심을 부려서

2. ☑ 오늘이 김 선생님 생신이어서
3. ☑ 친구를 도와주고 있기 때문에
4. ☑ 거래 상담을 할 때 ☑ 보고서를 작성할 때

문법 p.116

1 1. 바람도 쐴 겸 해서 한강 시민 공원에 놀러 가려고요.
2. 공부도 할 겸 컴퓨터도 할 겸 해서 가요.
3. 영화도 볼 겸 서점에도 갈 겸 해서 나왔어요.

2 1. 편히 쉬기는커녕 주말 내내 회사에 있었어요.
2. 만나기는커녕 너무 바빠서 전화도 못했어요.
3. 여행 준비는커녕 비행기 표도 아직 못 구했어요.

3 1. 저도 갔더라면 좋았을 텐데, 갑자기 급한 일이 생겼었어요.
2. 조금 일찍 오셨더라면 좋았을 텐데, 방금 팔렸어요.
3. 나도 조금만 기다렸더라면 싸게 살 수 있었을 텐데…….

4 1. 앞에서 사고가 난 모양인데요.
2. 좋지 않은 일이 있으신 모양입니다.
3. 비가 올 모양이네요.

듣기 과제 2 p.119

- 1. ☑ 외래어

- 1. (1) 짐작하기 힘든 (2) 틀린다고 해도 (3) 개인이 마음대로
2. ☑ 상대방이 말하려고 하는 의도를 이해하는 것
3. 사회적 약속이기 때문에
4. ☑ 표준어

읽고 말하기 p.121

- 1. ☑ 춤
2. ☑ 춤의 방향이 벌집 아래를 향하면 꿀이 해가 있는 쪽에 있다는 것을 나타낸다.
3. ☑ 원하는 내용을 전달할 수 없다.

- 1. ☑ 상형문자 → 표의문자 → 표음문자
2. 발명을 통해 만들어졌기 때문
3. ☑ 모음은 기본 자음에 선을 덧붙여 만들었다.

제8과 옛날 이야기

듣고 말하기 p.130

- 1. ☑ 가족
2. 아주 – (무척), 갑자기 – (뜻밖에), 한참 – (오랫동안), 얼른 – (빨리), 부지런히 – (열심히)

- 1. (1) 본 적이 (2) 재미있어서 (3) 소설인데도
2. ☑ 둘 다 만화 영화이다.
3. ☑ 용궁이 등장한다.
4. 사람들이 생각하는 게 비슷해서

듣기 과제 1 p.131

- 1. (1) 홀어머니와 오누이가 (2) 멋을 뻔했지만 (3) 문틈으로 밖을 보니
2. ☑ 호랑이는 어머니와 함께 아이들이 있는 집으로 갔다.
3. ☑ 어머니 목소리가 아니어서

문법 p.133

1 1. 장학금이 다 뭐예요? 성적이 중간만 돼도 좋겠어요.
2. 승진이 다 뭐예요? 실수를 너무 많이 해서 해고될지도 몰라요.
3. 보너스가 다 뭐예요? 밀린 월급도 아직 다 못 받았는데요.

2 1. 외국 사람치고 안 가 본 사람은 없을 거예요.
2. 한국 사람치고 된장찌개 싫어하는 사람 없지요.
3. 농구 선수치고는 키가 작은 편이네요.

3 1. 되고말고요.
2. 괜찮고말고요.
3. 기억하고말고요.

듣기 과제 2 p.135

- 1. ☑ 신화
2. 등장하다 – 나오다, 오로지 – 오직, 흥미 – 재미, 창조하다 – 만들다, 독특하다 – 특별하다

- 1. (1) 초자연적인 성격이 (2) 질투하고 증오한다. (3) 제대로 이해하기
2. 신들이 등장하는 옛날이야기
3. ☑ 신화는 이야기의 흥미를 가장 중요시한다.

읽고 말하기 p.137

- 1. 대감님 댁에 일을 하러 간다는 거짓말

2. ☑ 바다에서 제물로 쓸 것이다.
3. 심 봉사가 눈을 뜨기 위해서는 공양미 삼백 석이 필요하다는 말을 듣고 고민하는 이야기

1. ☑ 바람과 비, 구름을 관장하는 신이다.
2. ☑ 곰과 호랑이는 사람이 되고 싶어했다.
3. ☑ 단군

단어 맞추기(5-8과) p.145

1 수	수	하	2 다		3 정	보	통	4 신
요			르		하			제
5 일	6 본		7 다	8 치	다		9 식	품
	10 명	11 함		료		12 교	수	
		13 부	조		14 반	대		
	15 주	로		16 신		17 로	18 마	
19 대	소		20 우	체	21 부		22 치	23 아
학			울		렵			줌
24 교	통	체	증		25 다	홍	치	마

문법

제 1 과 이사

(동작동사)기에는

1. 판단 기준을 나타낼 때 사용하며, 주로 부정적인 상황에서 씀.

ex) 어쨌든 우리는 되돌아가기에는 너무 멀리 왔어.
징검다리를 건너가기에는 김 첨지의 걸음걸이가 시원치 못했다.

좋고 나쁨의 기준에는 '-는 데', 어렵고 쉬움의 기준에는 '-기에는'이 사용되는 경우가 많다.

(동사)아/어서 그런지

1. 그러한 이유에서인지는 분명하지 않으나. 그 때문인지는 확실하지 않으나.

ex) 구내 식당 밥이 맛이 없어서 그런지 직원들이 군것질을 많이 하는 편이라 했다.
졸업식 날이어서 그런지 꽃을 파는 노점상들이 눈에 띄게 많아졌다.

판단의 근거를 주관적으로 나타낼 때 쓴다. '-아/어서 그런 것인지 모르겠지만'의 뜻을 갖는다.

(명사)(이)라도

1. 여럿 중에서 그것이 가장 마음에 들지는 않으나, 그것이나마 선택함을 나타냄.

ex) 건강이 좀 양호해지면 우리 중학교에서 교편이라도 잡는 게 어떠냐?
나한테 김밥이라도 사다 주려고 나갔다 온 모양이지?

2. 가장 나쁜 것을 들어 말하면서 그것까지도 선택함을 나타냄.

ex) 그는 돈이라면 개똥이라도 마다하지 않을 거야.
철수는 정말 돌이라도 삭이게 생겼더라니까.

'-(이)나'와 비교하면 '-(이)나'는 하찮고 나쁜 것, '-(이)라도'는 차선책으로 선택할 수 있는 것을 나타낸다.

(동작동사)지 그래(요)?

1. 상대방의 행동이 꼭 일어나길 바라면서 권하는 뜻을 나타냄.

ex) 배고프면 더 시키지 그래요?
시간 있으면 오늘 저녁에 같이 당구나 한 게임 하지 그래요?

명령형의 완곡적 표현이다.

(동사)**거든**

1. 명령의 인식적 조건을 나타낸다.

ex) 오늘밤 눈이 오거든 모처럼 데이트 하는 게 어때요?
원통하거든 공부를 해서 그 놈에게 지지 않게 훌륭한 사람이 되거라.

'-(으)면' 이 단순한 가정을 나타내는 데 비해, '-거든' 은 인식의 내용이 추가되어 (청자가) 인식할 수 없는 대상에는 사용하기 어렵다. (예: 유성이 지구에 접근하면 중력 때문에 빨려 들게 된다. / *유성이 지구에 접근하거든 중력 때문에 빨려 든다.) 뒷문장은 명령형이 사용되어야 한다.

(동작동사)**도록**

1. 뒷문장의 내용이 일어나게끔, 의도적으로 이끌어 가는 방향이나 목적을 나타냄.

ex) 나로 인하여 내 가족과 내 이웃이 상처를 입는 일이 없도록 진실하게 살아야 한다.
그는 흘러내린 땀이 눈에 들어가지 않도록 연방 눈썹 위를 소매로 훔치며 서 있었다.

의도나 목적을 나타내기도 하고, 한편으로는 '-(으)ㄹ 정도로, -(으)ㄹ 만큼' 의 뜻을 갖기도 한다.

(동작동사)**아/어 있다**

1. 어떤 상태나 어떤 일의 결과의 상태가 계속됨을 나타냄.

ex) 모든 식품은 비닐로 포장되어 있다.
이렇게 계속 일이 밀려 있는 상태에서는 휴가를 갈 수 없겠네.

자동사에만 사용된다. 자동사라 하더라도 타동성을 갖는 동사는 사용되지 않는다. (예: *자 있다/*웃어 있다.)

(명사)**마저**

1. '어떠한 사실에 더하거나 그러한 사실에서 더 나아가서' 의 뜻을 나타냄.

ex) 높은 곳으로 올라갈수록 추위도 혹독한 데다가 바람마저 매섭게 휘몰아쳤다.
이상적인 결혼이란 쉬운 일이 아닐 뿐만 아니라 때로는 불가능하다는 생각마저 듭니다.

2. '최후의 것까지 모두' 의 뜻을 나타냄.

ex) 너마저 나를 버리고 아빠 곁으로 간단 말이냐!
노름으로 밑천마저 탕진한 장사꾼은 또 어디론가 보따리를 싸서 떠났다.

'-도', '-까지' 와 비슷하게 사용되나, '-마저' 는 '기대를 저버림' 의 어감이 강하다.

제2과 음식과 요리

(동사)던데

1. 뒷절의 설명적 지식이 되는 지난 사실을 먼저 회상하여 말함을 나타냄.

ex) 자네가 온 지 얼마 뒤에 같이 일하던 사람이 그러던데, 자네 성격이 퍽 좋다더군.
그 집에는 없는 물건이 없던데 이 집은 무슨 가게가 이 모양이야?

'-더-' 에 배경을 나타내는 '-(으)ㄴ데' 가 결합된 형태로, '-더라/더군요' 와 같이 인식 불가능 때문에 1인칭 주어와 함께 쓰이기 어렵다.

(동사)다(가) 보니(까)

1. 어떤 상태가 계속되어서 그 결과로.

ex) 내 팔자가 기박하다 보니 형제라고 찾아보지도 못했다.
요즘 너나없이 바쁘다 보니 여유란 한 점도 없다.

반복되거나 지속된 동작의 결과가 의지와 관계없이 자동적으로 나타났을 때 쓰는 표현으로 뒷절은 보통 과거형이 나타난다. 반복되거나 지속된 동작의 결과를 예측할 때는 '-다가 보면' 을 쓰며, 이 때에는 '-(으)ㄹ 것이다' 가 쓰이는 것이 보통이다.

(동사)아/어야

1. 어떤 결과를 이루기 위해 의무적으로 전제되는 조건을 제시할 때 씀.

ex) 제를 지내기 전에는 육류를 먹지 말고, 깨끗이 목욕한 다음 새 옷을 차려 입어야 한다.
거만한 사람을 내쫓아야 말썽이 없어지고 다툼과 욕설이 그친다.

'-(으)면' 이 조건문을 나타낸다면, '-아/어야' 는 쌍조건문을 나타낸다.

(동작동사)는 길

1. '어떠한 일을 하는 도중이나 기회에' 의 뜻.

ex) 수영장에 갔다 오는 길에 친구를 만났다.
추석이라 고향에 내려가는 길이야.
밖에 나가는 길에 맛있는 것 좀 사다 주세요.

실제로 길 위에 있을 때 사용된다는 점이 '-는 중' 과 다르다. '-는 길에' 나 '-는 길이다' 의 형태로 사용되는 것이 보통이다.

(동사)(으)ㄴ/는 셈이다

1. '따져 보면 어떠한 것을 하는 것과 결국 비슷하다, 마찬가지이다' 의 뜻을 나타냄.

ex) 그 일은 그에게 이중 삼중의 손해를 입힌 셈이었다.
이번 경기는 2:2로 비겼으니 우리가 이긴 셈이다.

(동사)(으)ㄹ 뿐만 아니라

1. 앞의 말 외에도 더 있음을 나타냄.

ex) 그는 원래 머리가 좋을 뿐만 아니라 밤낮없이 노력하는 사람이다.
얼굴뿐 아니라 온몸이 쑤시고 아파서 몸을 일으킬 수도 없었다.

'뿐' 은 조사와 의존명사의 두 쓰임을 갖는다.

(명사)(이)야말로

1. 강조의 뜻으로 쓰여 '그것은 참말로' 의 뜻을 나타냄.

ex) 스스로 배우고 깨우치는 것이야말로 진정한 앎이 된다.
두 차례에 걸쳐 백두산에 등반한 감격이야말로 평생 잊지 못할 것이다.

주제 표지 '-은/는' 을 더욱 강조하는 표현이다.

제3과 돌잔치

(그렇지 않아도) (동작동사)(으)려던 참이다

화자가 이미 그렇게 생각하거나 행동하려고 했음을 나타냄.

ex) 그렇지 않아도 우리 집하고는 맞지 않는 것 같아서 좀 망설이고 있는 참이거든요.
장사도 안 되고 해서 이제 막 들어가려고 하던 참이니 한 번만 봐 주시오.

현재적인 상황에서는 '-(으)려던 참이다'와 '-(으)려던 참이었다'가 별 의미 차이 없이 사용된다.

(동사)았/었으면 하다/좋겠다

1. 화자의 희망, 바람을 나타냄.

ex) 내가 있는 광안리 바닷가에 한 번 다녀갔으면 한다.
나는 네가 우리 집에 자주 왔으면 해.

현재 사실의 반대 상황을 기대하며 아쉬워할 때 사용한다. 과거 사실의 반대 상황을 아쉬워할 때는 '-었으면 좋았을 텐데'가 사용된다.

(동사)(으)ㄹ 테니(까)

1. 화자의 의지나 예정을 나타냄.

ex) 미리 선불을 드릴 테니까 되든 안 되는 한번 구해 봐 주십시오.
죄 없는 너희들을 혼내지는 않을 테니까 이리로 오너라.

2. 화자의 추측을 나타냄.

ex) 지금 다들 퇴근했을 테니까 내일 회사에 나가셔서 천천히 하세요.
봐 봤자 재미없을 테니까 안 보는 게 나을 거야.

관형형 '-(으)ㄹ'에 의존명사 '터', 연결어미 '-(으)니까'가 결합한 형태이다. 미래 시제 '-(으)ㄹ'의 영향으로 화자가 일인칭이면 예정, 삼인칭이면 추측을 나타내며, 연결어미 '-(으)니까'의 영향으로 명령형, 청유형과 주로 쓰인다.

(명사)쯤 해서

1. 어느 시각이나 시기 쯤에

ex) 수업이 다 끝날 때쯤 해서, 학교 뒷산에서 내려왔다.
신정 연휴 무렵쯤 해서 내 한번 연락하기로 하지.

장소에도 사용되지만, 이 때에도 시간의 의미가 강하게 나타난다. (예: 여기쯤 해서 그만 쉽시다.)

(동사)(으)면 으레

1. 어떤 일을 행하거나 어떤 상태이면 대체로.

ex) 선옥이는 명동에 나가면 으레 영화를 보고 오죠.
걔는 요즈음엔 방에 들어갔다 하면 으레 몇 시간이고 틀어박혀 있어요.

(동작동사)(으)ㄴ 채(로)

1. (이미 있는 상태) 그대로.

ex) 두 사람은 아무 말도 못한 채 앉아 있었다.
낙지는 산 채로 먹어야 맛이 있다.

관형형 '-(으)ㄴ' 이 쓰여 완료의 지속을 나타내며, '-(으)ㄴ 채(로)' 의 형태로 쓰이는 것이 보통이다.

(명사)조차

1. '최후의 것까지 모두' 의 뜻을 나타냄.

ex) 침조차 삼켜지지 않을 정도로 입술이 바짝바짝 타 들어갔다.
천장이 낮아 서기는커녕 앉기조차 어려워 누워 지내야만 했다.

'-도', '-까지' 와 비슷하게 사용되나, '-조차' 는 '기본적인 것' 의 어감이 강하다.

(동사)(으)ㄴ/는 탓에, (명사) 탓에

1. 주로 부정적인 현상의 원인을 나타냄.

ex) 시간이 모자란 탓에 문제를 다 풀지 못했다.
요즘 물가가 오르는 것은 공급이 수요에 미치지 못하는 탓이다.

2. 잘못된 것을 원망하는 것.

ex) 모든 것이 당신 탓에 일어난 일이다.
네 탓에 내가 이렇게 망했으니 책임져.

'-는 바람에' 와 비교하면 다음과 같다. '바람에' 는 앞에 현재형 '-는' 만 사용할 수 있지만, '탓' 에는 과거형 '-(으)ㄴ' 도 쓸 수 있다. 또 '바람에' 는 종결형으로 쓸 수 없지만, '탓' 은 종결형으로 쓸 수 있다.(예: *너무 늦은 바람이다./너무 늦은 탓이다.)

제4과 분실

(동사)(ㄴ/는)다면서(요)?

1. 말하는 이가 이미 알고 있거나 들은 사실을 다시 한 번 확인하여 물음을 나타냄.

ex) 영하 씨가 제일 고생이 많다면서요?
자네는 구청에 근무한 적도 있다면서?

간접 인용문을 활용한 형식이다. 평서형은 '-(ㄴ/는)다면서요?', 의문문은 '-냐면서요?', 명령문은 '-(으)라면서요?', 청유문은 '-자면서요?'로 사용되며, 제약은 간접 인용문의 그것과 같다.

(동사)기는(요)

1. 의심스럽거나 뜻밖의 사실로 느껴 상대방의 의견에 동의할 수 없다는 의사를 표시할 때 쓰임.

ex) 부지런하기는요. 늘 누가 깨워 줘야만 겨우 일어나는 걸요.
아프기는요. 그냥 좀 쉬고 있었어요.

칭찬에 대한 겸양의 표현으로 많이 사용된다. 긴 문장에 붙어 사용하면 어색하고, 단어 뒤에 짧게 붙는다.

(동사)길래

1. 자신이 이미 결정하여 행동한 사실에 대한 경험적 근거를 말할 때 씀.

ex) 무슨 일들을 어떻게 했길래 초장부터 속을 썩이나?
저의 딸애가 어떤 곳인지 궁금하다고 하길래 잠시 구경을 시켜 주었습니다.
마침 선창가에 있는 술집들이 눈에 띄길래 나는 그곳으로 발길을 옮겼다.

'-길래'는 '-더-'와 같은 인식 문법 범주의 일종이다. 그러므로 선행문의 주어는 (인식상의 어려움으로 인해) 1인칭 화자로 나타나기 힘들다.(예: *내가 가길래) 후행문의 주어는 반드시 1인칭이므로 생략되는 경우가 많고, 서술어는 동작동사의 과거형만이 쓰인다.

(동사)더니

1. 경험한 사실이 다른 사실의 이유가 됨을 나타냄.

ex) 온종일 날이 흐리더니 오후부터 눈이 내리기 시작했다.
오랜만에 가 봤더니 많이 변했더라.

2. 어떤 사실에 이어서 다른 사실이 일어남을 나타냄.

ex) 번개가 치더니 몇 초 지나지 않아 천둥 소리가 땅을 울렸다.
어제도 숙제를 안 해 오더니 오늘 또 안 해 온 거야?

3. 앞서 겪었거나 있었던 사실이 어떤 사실과 대립됨을 나타냄.

ex) 물에 빠진 사람 건져 놨더니 보따리 내 놓으라는 격이다.
어제는 힘이 하나도 없어 보이더니, 오늘은 기분이 괜찮아 보이네요.

기원적으로는 '-더-' 에 '-니까' 가 붙은 형태이지만 제약이나 의미가 상당히 다르다. '-더니' 는 '-더-' 와 같이 1인칭 주어에 제한을 받는다. 뒷절에는 앞절의 영향으로 일어난 사태가 쓰이는데 보통 동작동사의 과거형이 쓰인다. 이 점에서는 '-길래' 와 비슷하지만 후행문의 주어가 1인칭이 될 수 없다는 것이 다르다. '-었/았더니' 와 같이 과거형으로 쓰이면 오히려 1인칭 주어만 허용되는데, 이 때도 후행문은 1인칭 주어가 허용되지 않는다.

(동작동사)**다 보면**

1. 어떤 일을 여러 번 계속하면 그 결과로 드디어.

ex) 걷다 보면 휴게소가 나타날 거야.
안내원을 하다 보면 서글픈 일을 많이 만나게 됩니다.

반복되거나 지속적인 동작의 결과를 예측할 때 쓰는 표현으로, 후행문에는 보통 '-(으)ㄹ 것이다' 와 같은 추정 표현이 쓰인다. 반복되거나 지속된 동작의 결과가 의지와 관계없이 자동적으로 나타났을 때 쓰는 표현으로는 '-다가 보니까' 가 사용된다.

(동작동사)**곤 하다**

1. '어떤 일을 반복하거나 일이 자주 일어나다' 의 뜻을 나타냄.

ex) 우리는 떼를 지어 도토리나무 숲으로 가곤 하였다.
나는 험악한 사람과 눈길이 마주치기라도 하면 가슴이 철렁 내려앉곤 했다.

(동사)**(으)ㄴ/는데도 (불구하고)**

1. 그러한 사실에도 구애받지 아니하고.

ex) 그 작품은 이미 여러 번 봤는데도 불구하고 볼 때마다 새로운 느낌이다.
버젓이 한국 이름 석자가 있는데도 곧잘 토머스, 찰리라는 이름으로 불린다.

(동작동사)아/어 버리다

1. (그 행동이) 완전히 다 끝남, 또는 끝냄을 나타냄.

ex) 사랑에 눈이 멀어 직분을 망각해 버리는 예를 우리는 많이 본다.
위선은 교육을 말려 버리는 독약 같은 것이다.

(동작동사)든지

1. 대립되는 두 가지의 사실 중에서 어느 하나를 택하여도 무방함을 나타냄.

ex) 싸우든지 화해를 하든지 맘대로 하라고 그래.
이리로 오시든지, 아니면 저에게 전화를 걸어 주세요.

대립되는 양상을 표현하기 위해 '-든지 안 -든지, -든지 말든지, -든지 못 -든지' 와 같은 형식으로 많이 사용된다.

(동사)(으)ㄹ 뿐이다

1. '다만 어찌하거나 어떠할 따름이다' 의 뜻.

ex) 하염없이 눈물만 흘릴 뿐이었다.
제 입장을 이해해 주시기를 바랄 뿐입니다.

'단독' 의 의미를 갖는 '뿐' 은 조사와 의존명사의 두 쓰임을 갖는다.

제5과 건강

(동사)지

1. 서로 대조되는 사실을 이어줄 때 씀.

ex) 지금 호적에 올라 있는 바가 중요하지 확인은 무슨 확인입니까?
농사 짓느라고 1년 내내 고생만 했지 추수를 해도 남는 것은 없었단다.

대조되는 사실에는 '-지만', '-(으)나' 와 같은 어미가 사용되기도 한다. 그러나 '-지' 와는 사용 양상이 다르다. '-지만', '-(으)나' 는 보통 앞뒤 문장의 대조되는 것에 '-은/는' 이 붙는 것이 보통이다. 그러나 '-지' 구문에서는 선행문에 '-은/는' 이 나타나지 않는다.

(동사)고 해서

1. 여러 원인 중 대표적인 것을 들어 말할 때 사용함.

ex) 모처럼 한가하고 해서 특별 요리를 준비해 봤어요.
날씨도 차고 하니 조심해서 다녀와.

'-고 하다'와 '-아/어서'가 결합된 형태로, '-아/어서'의 제약을 그대로 갖는다. 평서문과 의문문에 사용되는 것이다. 명령문이나 청유문 앞에 여러 이유 중 대표적인 것을 들어 말할 때는 '-고 하니까'가 쓰인다.

((동사)(으)면) (동사)(으)ㄹ수록

1. 조건이 점점 심해지는 만큼 그 결과의 정도가 심해져 갈 때 씀.

ex) 날이 가면 갈수록 해가 가면 갈수록 그 사람이 더 그립다.
그의 죽음이 처절하면 할수록 신앙심이 더 두터워지는 것은 어떤 까닭일까?

(동작동사)(으)려다가

1. 말하는 이의 의도를 담아 어떤 동작을 하려고 하다가 앞과는 다른 결과에 이르게 되었음을 나타냄.

ex) 손님이 요금을 지불하지 않고 도망치려다가 운전수에게 붙잡혔다.
나는 굳이 우겨서 개울을 뛰어넘으려다가 물에 빠져서 몹시 고생한 일이 있다.

'-(으)려고 하다가'가 줄어든 말로서 '-(으)려고 생각하다가/계획하다가' 정도의 '중도 포기'의 의미가 있다.

(동작동사)(으)ㄴ/는 셈 치다

1. '(실제로 그렇지 않으나) 그러한 것으로 생각하고'의 뜻을 나타냄.

ex) 다들 그 얘기는 못 들은 셈 치고 넘어가라고 했다.
죽어가는 사람 살리는 셈 치고 한 번만 도와주자.

하도 (동사)**아/어서**

1. 아주 정도가 심해서.

ex) 나는 하도 기가 막혀 말을 잃었다.
그 사람 얘기가 하도 이상해서 믿을 수 없었다.

조건이나 원인의 정도가 심할 때 호응되는 말이 각각 다른데, '너무 -(으)면', '아무리 -아/어도', '하도 -아/어서' 등이 그 예이다.

(명사)**에 의하면**

1. 무엇에 의거하여 그것을 근거로 설명함을 나타냄.

ex) 선생님 말씀에 의하면 법적 문제는 다 해결됐다는대요.
의사 선생님 말씀에 의하면 한두 달 집에서 푹 쉬면 낫는대요.

'의하다'는 '-에 의해서', '-에 의한', '-에 의하면' 등 불완전한 활용을 하는 동사다.

(동사)(으)ㄹ지라도

1. '혹시 그렇다고 해도'의 뜻을 나타냄.

ex) 어떤 고통이 닥칠지라도 분노를 이겨낼 수 있는 힘은 사랑뿐이었다.
아무리 천재일지라도 노력 없이는 성공할 수 없다.

미래의 가정에 대한 양보를 나타내는 문어체의 의고식 표현이다.

(동사)**(으)면** (동사)**는 법이다**

1. 정해진 이치임을 강조해서 나타냄.

ex) 모든 일에는 인연이 있고 운수가 있는 법이다.
기대가 크면 실망도 큰 법이다.

제6과 환경

(동사)다(냐, 라, 자)는 말이다

1. 상대방이 말한 내용이 의심스러워서 반복하거나 재확인할 때 씀.

ex) 그 정도쯤이야 저도 얼마든지 할 수 있단 말이에요.
마음을 느긋하게 가지란 말이지?
이 일을 어찌해야 좋단 말인가.

간접 인용문의 축약형으로 구어체에서는 '-단(냔, 란, 잔) 말이다'로 쓴다.

(동작동사)(으)나 마나

1. 어떤 행동을 하든지 안 하든지 이미 알고 있기 때문에 할 필요가 없다는 뜻을 나타냄.

ex) 보나 마나 며칠씩 굶다가 얻어먹다가 하겠지.
돈이 있으나 마나 몸에 맞아야 옷을 사지.

(동사)(으)ㄹ까 봐(서)

1. '그러한 행위가 발생하는 것, 그러한 상황이 될 것을 걱정한다'는 의미.

ex) 그는 제 마음이 혹 돌아설까 봐 항상 염려하는 듯합니다.
허, 그 놈, 혼자 떼어놓고 갈까 봐 겁나는 모양이군.

의문형 '-(으)ㄹ까'에 '생각하다'의 의미를 갖는 '보아서'가 결합된 형태로, 이 때의 '생각하다'는 '걱정하다'의 의미이다. 후행문의 주어는 걱정하는 사람이 된다.

(동작동사)다가는

1. '어떤 동작을 계속하면'의 뜻을 나타낸다.

ex) 지금처럼 불황이 계속되다가는 결국 파산하고 말 겁니다.
우리도 이 꼴로 나가다가는 자식들한테 그런 대접받기 십상이지.

후행절에는 선행절에서 비롯되어 예측되는 안 좋은 결과를 쓴다.

(동사)(으)ㄹ 수밖에 없다

1. 그 방법밖에는 다른 도리가 없음을 나타냄.

ex) 사람들의 등쌀에 밀려 그 곳을 떠날 수밖에 없었다.
힘이 센 놈이 때리면 맞을 수밖에 없지.

따위

1. '그것과 같거나 비슷한 그 밖의 것들' 을 뜻함.

ex) 허위, 과장, 권모술수 따위는 인간의 올바른 길일 수 없습니다.
내 이름 따위에는 관심이 없는 듯 사내가 무뚝뚝하게 대답했다.

대상을 비웃거나 얕잡아 이르는 말을 나타낸다.

(동작동사)는 통에

1. (무슨 일로) 정신을 차릴 수 없을 정도의 상황 때문에.

ex) 저마다 한 마디씩 떠들어 대는 통에 차 안은 온통 시장 바닥이었다.
정신 없이 서두는 통에 중요한 것을 빠뜨리고 왔다.

'-는 바람에' 와 제약이 유사하다. 다만 '-는 바람에' 가 직접적인 원인을 나타낸다면, '-는 통에' 는 간접적인 원인을 나타낸다는 점이 다르다.

(명사)(이)나마

1. (마음에 흡족하지 못하나) 그런대로 괜찮다는 의미로 씀.

ex) 잠깐이나마 만날 수 있어서 다행이라고 생각해요.
제가 다소나마 도움이 된다면 좋겠습니다.

제7과 한글

(동작동사)(으)ㄹ 겸 (해서)

1. 두 가지 이상의 목적을 함께 말할 때 사용함.

ex) 책도 사고 안부도 물을 겸 해서 친구가 경영하는 서점에 갔다.
휴식도 취하고 새로운 계획도 세울 겸 해서 휴가를 신청했다.

여러 이유 중 하나만 들 때는 '-(으)ㄹ 겸 해서'를 쓰고, 두 가지 이유를 함께 말할 때는 '-(으)ㄹ 겸, -(으)ㄹ 겸 해서'와 같이 쓴다. '응접실 겸 거실', '점심 겸 저녁'처럼 두 명사 사이에 붙기도 한다.

(명사)은/는커녕, (동사)기는커녕

1. 앞의 내용을 적극적으로 부정하거나 뒤의 내용이 앞의 것보다 더 좋지 못할 때 사용함.

ex) 밥은커녕 죽도 못 먹는다.
돈을 벌기는커녕 있는 돈까지 다 써 버렸다.

(동사)았/었더라면

1. 그렇게 되기를 희망했으나 실제로 그렇지 못한 것을 안타깝게 생각함을 나타냄.

ex) 해충 피해라도 없었더라면 좀 나았을 텐데.
그 당시에 서류를 잘 보아 두었더라면 좋았을 텐데.

과거 사실에 대한 후회나 아쉬움을 나타내는 표현으로 뒤에는 '-았/었을 텐데'가 오는 것이 보통이다.

(동사)(으)ㄴ/는 모양이다

1. (그렇게) '짐작됨'을 나타냄.

ex) 모임에도 나오지 못한 것을 보니, 영철이가 요즘 아주 바쁜 모양이다.
그는 암만해도 의심쩍은 것이 풀리지 않은 모양으로 질문을 계속해 왔다.

(동작동사)기에 달리다

1. '(무엇에 의해) 결정되다'의 뜻을 나타낸다.

ex) 성공은 노력하기에 달려 있다.
그거야 마음 먹기에 달린 거고 행동하기에 달린 거야.

'마음 먹기에 달려 있다', '노력하기에 달려 있다'와 같이 비교적 고정된 형식으로 사용된다.

(동사)기/게 마련이다

1. 당연히 그러하게 됨을 나타냄.

ex) 자연과 가까울수록 행복해지며 마음의 여유를 갖게 마련이다.
젊음에는 사랑이 따르기 마련이다.

(명사)답다

1. '자격이 있음, 신분이나 특성에 잘 어울림' 의 뜻을 나타냄.

ex) 어른답다 / 사람답다 / 인간답다 / 꽃답다

'-답다' 는 '꽃답다, 정답다, 참답다' 와 같이 명사에 붙어 형용사를 파생하는 접미사다. '-스럽다' 와 비교하면 '-스럽다' 는 '(사실 그렇지 않은데) 그런 느낌이 들다' 의 뜻이고, '-답다' 는 '(실제로도 그렇고) 그럴 자격이 있다' 의 뜻이다.

(동사)(ㄴ/는)다고 해도

1. '어떤 일을 가정하여 생각해도' 의 뜻을 나타냄.

ex) 지금 출발한다고 해도 제 시간에는 도착할 수 없겠다.
다시 만난다고 해도 더 이상 할 말은 없어요.

(동작동사)고 말다

1. 어떠한 일이 실현되어 버렸음을 나타냄.

ex) 결국 모든 사실이 들통이 나고야 말았구나.
그는 병원으로 후송되었으나 곧 죽고 말았다.

2. 어떠한 일을 실현시키겠다는 말하는 이의 의지를 나타냄.

ex) 이번 싸움에는 내가 꼭 이기고 말겠다.
내 맘대로라면 댁 같은 환자는 내쫓고 말겠어요.

(동사)**듯(이)**

1. '~것처럼' 의 뜻을 나타냄.

ex) 소낙비를 맞은 듯이 그녀는 온통 젖어 있었다.
곧 비라도 쏟아질 듯이 두꺼운 구름이 움직였다.

'-듯이' 는 의존명사와 연결어미의 두 가지 쓰임이 있다. 의존명사는 '-것처럼' 의 뜻으로 외형적 유사성, 연결어미는 '-는 것처럼' 의 뜻으로 목적이나 내면적 유사성을 표현한다.

제8과 옛날이야기

(명사)**이/가 다 뭐예요?**

1. '그것은 말할 것도 없이 기대에 훨씬 못 미침' 을 나타냄.

ex) 가: 발렌타인데이인데 초콜릿은 받으셨어요?
나: 초콜릿이 다 뭐예요? 사탕 한 개도 구경 못 했는데요.
가: 여행을 자주 다니시겠네요.
나: 여행이 다 뭐예요? 잠 잘 시간도 없는데요.

(명사)**치고/치고는**

1. '~으로서는 제법, 상당히' 의 뜻을 나타냄.

ex) 돈 잘 벌리는 개업을 마다하고 학문의 길을 택했다니, 요즘 젊은이치고는 대견한 노릇일세.
쉰을 바라보는 나이치고 안 씨의 상체는 군살 한 점 없이 단단했다.

'-치고' 는 어떤 부류에 나타나는 공통적인 속성을 말할 때 쓰며, 뒷문장은 부정문이나 이중 부정문으로 강조하여 표현하는 것이 보통이다. '-치고는' 은 '-라는 점을 고려하면' 이라는 뜻으로 '예상과는 약간 다름' 을 나타낸다.

(동사)**고말고(요)**

1. 앞 단어의 뜻을 긍정하며 강조하는 표현으로 '당연히 그렇게 함' 의 뜻을 나타냄.

ex) 갚고말고. 목숨을 다해서라도 갚겠소.
그럼, 귀엽고말고. 갓 태어난 아기들은 모두가 귀엽단다.

(동작동사)(으)ㄹ 뻔하다

1. 거의 그렇게 되었다가 결국 그렇게 되지 않았음을 나타냄.

ex) 조심하지 않았으면 큰일 날 뻔했군요.
표를 못 구해서 하마터면 설에 집에도 못 갈 뻔했어요.

위기를 넘겨 다행히 그렇게 되지 않았음을 나타내는 것이 보통이다.

(동사)(으)ㄴ들

1. 앞절의 조건이 어떠해도 뒷절에서는 양보하고 허용함을 나타냄.

ex) 네가 아무리 장사인들 그를 당하지는 못할 것이다.
좋아서 택한 길인데, 험한들 어떠리.

'-라고 해도' 의 뜻으로 문어에서 사용되는 의고식 표현이다.

(명사)(이)나 (명사)(이)나 할 것 없이

1. 대상이 개별적인 차이가 없이 모두 같은 특성을 가짐을 나타냄.

ex) 너나 나나 힘들기는 마찬가지다.
요즘 여자나 남자나 할 것 없이 성형 수술이 대 인기이다.

대립되는 두 쌍의 명사가 직접 붙기도 한다. (예: 동서고금 할 것 없이, 남녀노소 할 것 없이, 어른 아이 할 것 없이)

(동작동사)(으)ㄹ 지경이다

1. '일의 형편이 거의 어느 정도에 다다름' 을 나타냄.

ex) 이제 가진 돈도 다 떨어지고 그야말로 구걸이라도 해야 할 지경에 이르렀다.
친구는 씩씩하게 잘 견디는 눈치였지만 나는 정말 죽을 지경이었다.

주로 부정적인 상황에 쓰여 '죽을 지경이다, 미칠 지경이다' 와 같이 과장되게 표현하는 것이 보통이다.

어휘 · 표현

문법 찾아보기

집 필 **김 중 섭**
경희대학교 국제교육원 원장
경희대학교 국어국문학과 박사 (국어학)

강 현 화
연세대학교 문과대학 국어국문학과 교수
연세대학교 국어국문학과 박사 (국어학)

이 정 희
경희대학교 국제교육원 한국어교육부장
경희대학교 국어국문학과 박사 (국어학)

김 동 은
일본 관동국제고등학교 한국어 코스 교사
경희대학교 국어국문학과 박사 수료

이 명 귀
경희대학교 국제교육원 한국어교육부 객원교수
경희대학교 국어국문학과 박사 (현대문학)

그림/디자인 **신 영 성**
현대미술가, 경희대학교 국제교육원 겸임교수
문화 · 예술 공동체 www.korea-art.biz 대표

한국어 중급II

발행일 제1판 제1쇄 2002년 3월 4일
제1판 제2쇄 2004년 9월 1일
제1판 제3쇄 2006년 4월 10일
제1판 제4쇄 2007년 5월 17일
제1판 제5쇄 2008년 10월 2일
제1판 제6쇄 2009년 11월 9일
제1판 제7쇄 2010년 9월 3일
제1판 제8쇄 2012년 10월 5일
제1판 제9쇄 2014년 11월 24일

지은이 김중섭, 강현화, 이정희, 김동은, 이명귀 공저
http://iie.khu.ac.kr E-mail iie@khu.ac.kr
Tel 02-961-0081/2 FAX 02-959-9018

발행처 경희대학교 출판문화원
등 록 1977년 11월 8일 제6-5호
주 소 서울시 동대문구 경희대로 26 우편번호 130-701
http://www.khup.com
E-mail : press@khu.ac.kr
Tel 02-961-0106/7 FAX 02-962-8840
인 쇄 새한문화사

ISBN 978-89-8222-063-1
ISBN 978-89-8222-046-1 (세트)
값 20,000원 (CD 포함)